Bibliografische Information der Deutschen Nationalbibliothek:

Die Deutsche Bibliothek verzeichnet diese Publikation in der Deutschen National-
bibliografie; detaillierte bibliografische Daten sind im Internet über http://dnb.d-
nb.de/ abrufbar.

Impressum:

Copyright © 2008 GRIN Verlag, Open Publishing GmbH
Druck und Bindung: Books on Demand GmbH, Norderstedt Germany
ISBN: 9783640561803

Dieses Buch bei GRIN:

http://www.grin.com/de/e-book/145822/seminarunterlage-access-2003

Michel Beger

Seminarunterlage Access 2003

GRIN Verlag

GRIN - Your knowledge has value

Der GRIN Verlag publiziert seit 1998 wissenschaftliche Arbeiten von Studenten, Hochschullehrern und anderen Akademikern als eBook und gedrucktes Buch. Die Verlagswebsite www.grin.com ist die ideale Plattform zur Veröffentlichung von Hausarbeiten, Abschlussarbeiten, wissenschaftlichen Aufsätzen, Dissertationen und Fachbüchern.

Besuchen Sie uns im Internet:

http://www.grin.com/

http://www.facebook.com/grincom

http://www.twitter.com/grin_com

Michel Beger

Seminarunterlage
Access 2003

1 Inhaltsverzeichnis

2   Datenbanken - Theorie kurz & bündig

2.1   Was ist eine Datenbank?

In einer Datenbank können Daten in Tabelle eingegeben werden, die sich auf einen gemeinsamen Themenbereich beziehen oder für einen bestimmten Zweck gedacht sind.

Beispiel:

- Personaldaten der Mitarbeiter

- Adressen der Mitarbeiter

- Gehaltslisten der Mitarbeiter

Ein Datenbankprogramm ist ein System, welches große Datenmengen in Tabellen speichert, verwaltet und den Zugriff auf die enthaltenen Daten regelt. Außerdem stellt ein Datenbankprogramm wie Access zahlreiche Werkzeuge zur Auswertung, Analyse, Bearbeitung und Präsentation der Daten bereit.

2.2   Merkmale eines Datenbankprogramms

Man kann die Daten einer Datenbank

- als Beziehungen zwischen Daten aus mehreren Tabellen definieren,

- beliebig bearbeiten und verändern,

- beliebig sortieren und nach bestimmten Kriterien filtern,

- mit Hilfe von Abfragen auswerten und

- mit Hilfe von Berichten übersichtlich ausdrucken.

Alle Eingaben wirken sich sofort auf die anderen Objekte aus: Wenn man z.B. in der Tabelle einen neuen Datensatz eingibt, so wird dieser bei einer schon bestehenden Abfrage gleich mit erfasst.

2.3   Relationale Datenbank

In einer relationalen Datenbank wird mit mehreren Tabellen gearbeitet (= Querverbindungen). Mit Hilfe von so genannten Schlüsselfeldern können Verknüpfungen zwischen den Tabellen erstellt werden. Die Datenmenge kann dadurch gering gehalten werden, da Daten nicht doppelt geführt werden müssen.

3   Datenbanken - Theorie ausführlich

Eine Datenbank ist eine Ansammlung von Informationen, die sich auf ein bestimmtes Thema oder einen bestimmten Zweck beziehen, z. B.: Bücher in einer Bibliothek, Waren im Warenlager oder Gehaltsabrechnungen im Betrieb etc., die verwaltet werden müssen.

In der Datenverarbeitung spricht man von einem Datenbanksystem, wenn dieses aus einer Datensammlung und einem Verwaltungssystem besteht. Die Datensammlung ist nach einer bestimmten Struktur aufgebaut und das Verwaltungssystem organisiert die Zugriffe auf die Datenbank und deren Bestand. Was aber bedeutet "...welches die Zugriffe auf die Datenbank und deren Bestand organisiert..." genauer?

Es bedeutet nichts anderes, als dass dieses Verwaltungssystem dem Nutzer ermöglicht, bestimmte Informationen (Daten) zu erfassen, zu speichern, wieder aufzufinden, zu aktualisieren oder weitere Operationen mit den Daten durchzuführen, wie z. B. das Sortieren nach bestimmten Kriterien.

3.1   Manuelle Datenbanken

Ein Beispiel für manuelle Datenbanken sind Karteikästen. Das Auffinden der Daten wird hier durch zusätzliche Register erleichtert. Ein Karteikasten enthält zusammengehörende, nach bestimmten Kriterien geordnete Daten. Jede Karte enthält i. d. R. die gleiche, festgelegte Anzahl von Eintragungen. Der Benutzer erfasst seine Daten manuell auf eine Karteikarte und ordnet diese nach dem von ihm bestimmten Kriterien in seinen Karteikasten. Um Änderungen vornehmen zu können, muss er die entsprechende Karte aus dem Karteikasten heraussuchen, die Daten ändern und die Karte dann wieder an seinen Platz zurückstellen.

3.2   EDV-gestützte Datenbanken

Wie schon erwähnt, besteht eine EDV-gestützte Datenbank aus einer Datensammlung und einem Verwaltungsprogramm, das diese Datensammlung nach bestimmten Kriterien organisiert und kontrolliert.

Im Vergleich mit den oben genannten Datenbanken weisen EDV-gestützte Datenbanken erhebliche Vorteile auf. Sie erlauben

- bequemere Erfassung der Daten,

- schnelleres Finden,

- einfachere, z. T. automatische Aktualisierung der Daten,

- flexible, datenbankübergreifende Anordnung und Zusammenstellung von Daten, somit das

- Aufdecken bisher unbekannter Informationszusammenhänge und damit eine

- effektivere Auswertung der Daten.

Als Ergebnis kann man folgende Vergleiche und Erklärungen für herkömmliche Datenbanken und EDV-gestützte Datenbanken aufstellen:

Karteikastensystem   Datenbanksystem

Ein Karteikastensystem enthält zusammengehörende, nach bestimmten Kriterien geordnete Karteien wie ein Datenbanksystem nur mit dem Unterschied, dass ein Datenbanksystem zusätzlich noch ein Verwaltungsprogramm besitzt.

Karteikasten   Tabelle

Jede Karte enthält i. d. R. die gleiche festgelegte Anzahl von Eintragungen.Ähnlich faßt eine Tabelle eine Datenmenge unter einem gemeinsamen Oberbegriff, dem Tabellenname, zusammen.

Karteikarte   Datensatz/Tabellenzeile

Jede Karteikarte entspricht einem Datensatz. Als Beispiel steht auf einer Karte folgende Angabe:

2, Müller Michael, 50939 Köln.

Genauso enthält dementsprechend ein Datensatz die genannten Informationen.

Eintragungsfeld   Datenfeld/Tabellenspalte

3.3 Die Tabelle in der Datenbank

Jede Datenbank besteht aus beliebig vielen, gleichartigen Datensätzen, wobei ein Datensatz einer Tabellenzeile entspricht. Jeder Datensatz besteht aus einer bestimmten Anzahl von Datenfeldern, hier entspricht jedes Feld einer Tabellenspalte. Es ergibt sich somit insgesamt ein tabellenartiger Aufbau.

Die folgende Abbildung zeigt die vereinfachte Darstellung der Datenbankdatei „Kunde" in Form einer Tabelle.

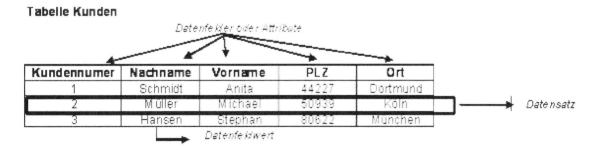

Die Tabelle ´Kunden´ hat fünf Datenfelder oder Attribute, die jeweils durch einen eindeutigen Namen definiert sind. Hier: Kundennr., Nachname, Vorname, PLZ und Ort.

Jeder Datensatz dieser Tabelle setzt sich zusammen aus genau fünf Datenfeld-Werten und hat somit die gleiche Datenstruktur. Er zeigt zusammengehörige Informationen zu einem Kunden in einer Zeile an. Als Beispiel: Der Kunde ´Michael, Müller´ mit der Kundennr. ´2´, Wohnort in ´Köln´ und der PLZ = ´50939´.

3.4   Datensatzaufbau

Der erste Schritt bei der Erstellung einer Datenbankdatei ist die Festlegung des Datensatzaufbaus (Struktur), also die Herstellung der Definition der erforderlichen Datenfelder eines Datensatzes. Für jedes einzelne Datenfeld müssen die nun folgende Merkmale angegeben werden:

- Datenfeldname

- Datenfeldtyp

- Datenfeldlänge

Datenfeld-Name

Der Datenfeld-Name sollte auf den Verwendungszweck des Feldes hinweisen. Die Datenfeldnamen der Tabelle ´Kunde´ heißen in diesem Beispiel: ´Kundennr´ ´Name´, ´Vorname´, ´PLZ´ und ´Ort´. Man könnte auch noch als Präfix (Vorsilbe) eine Abkürzung des Datenfeldtypes schreiben.

Datenfeld-Typ

Der Datenfeld-Typ richtet sich nach dem geplanten Verwendungszweck. Man unterscheidet hier z. B. Text und Zahlenfelder. Während Textfelder lediglich "starre" Informationen enthalten, können mit den Inhalten der Zahlenfelder Berechnungen durchgeführt werden. Als Beispiel hierfür ist der Datenfeld-Typ für das Datenfeld ´Name´ gleich ´Text´.

Datenfeld-Länge

Für jedes Datenfeld muss eine genaue Länge festgelegt werden, um entsprechend Platz für den Feldeintrag zu schaffen. Z. B braucht das Feld PLZ genau 5 Zeichen, der Ort braucht sicher mehr und die Kundennummer eventuell auch. Man muss sich also frühzeitig überlegen, wie viel Einträge man an jeder Stelle braucht.

3.5   Relationale Datenbank

Microsoft Access ist ein *relationales* Datenbank-Managementsystem. Relational ist eine Datenbank, wenn die einzelnen Tabellen untereinander in einer Beziehung (Relationalität) stehen können. Dieses setzt natürlich voraus, dass die Datenbank aus mehreren Tabellen besteht. Eine nicht-relationale Datenbank kann nur aus einer Tabelle bestehen (MS Works besitzt z. B. eine solche Datenbank, oder aber auch Excel). Der Nachteil bei nicht-relationalen Datenbanken sind u. a. redundante, also sich wiederholende Informationen, die man in die Tabelle eintragen muss.

Eine Access-Datenbank enthält im Normalfall *mehrere* Tabellen und zusätzlich Informationen darüber, wie die Tabellen zusammenhängen. Ein Beispiel:

An der Universität gibt es eine Datenbank, in der alle Studenten der Universität mit ihren persönlichen Daten (Matrikelnummer, Name, Adresse, Fachbereiche etc.) eingetragen werden. In der Regel ist ein Student in mehreren Fachbereichen eingeschrieben. Bestünde die Datenbank aus nur *einer* Tabelle, müsste für jeden Fachbereich eine eigene Zeile angelegt werden, die jeweils die selben persönlichen Daten enthält.

Eine große Tabelle für alle Informationen

Matrikelnummer	Vorname	Nachname	Adresse	Fachbereich
12345678	Alexandra	von Cube	Dortmund	Mathematik
12345678	Alexandra	von Cube	Dortmund	Kunst
12345678	Alexandra	von Cube	Dortmund	Pädagogik

Erstens enthält diese Tabelle redundante Informationen (Vorname, Nachname, Ort). Zweitens müsste man bei einem Umzug der Person deshalb diesen in jeder Zeile vornehmen. Ein großer Aufwand.

Gibt es nun mehrere Tabellen die man zueinander in Beziehung setzten kann, wird die Änderung der Adresse nur einmal in der Tabelle für Adressen vorgenommen und danach mit der Tabelle für die Matrikelnummer verknüpft. So kann jeder Fachbereich, in den sich der Student eingeschrieben hat, über die Matrikelnummer auf die aktuelle Adresse zugreifen. Das ist mit Access möglich.

Tabelle 1

Matrikelnummer	Vorname	Nachname	Adresse
12345678	Alexandra	von Cube	Dortmund
91011121	Christine	Domberg	Bochum
97654377	Marcus	Meier	Minden

Tabelle 2, die mit der ersten verknüpft ist

Matrikelnummer	Fachbereich
12345678	Mathematik
12345678	Kunst
12345678	Pädagogik
91011121	Hauswirtschaft

In diesem Beispiel enthält die erste Tabelle z. B. die persönlichen Daten aller Studenten, die zweite alle Fachbereiche, in denen sich ein Student eingeschrieben hat. Will man nun die Adresse des Studenten herausbekommen, sucht man in der ersten Tabelle nach dem Datensatz, der die jeweilige Matrikelnummer enthält (in Access geht das über eine Abfrage sehr schnell, was später erklärt wird).

3.6   Was sind Primärschlüsselfelder und Fremdschlüsselfelder?

3.6.1   Primärschlüsselfeld

Ein Primärschlüsselfeld ist ein besonderes Feld (Spalte) einer Tabelle. In dieser Spalte darf jeder Wert nur *einmal* vorkommen. Duplikate sind nicht erlaubt. Dieses Feld verknüpft eine Tabelle mit der anderen und dient zur eindeutigen Zuordnung der verschiedenen Daten aus mehreren Tabellen. Ein einzelner Wert in diesem Feld ist der Primärschlüssel.

In der obigen *Tabelle 1* ist die Matrikelnummer der Primärschlüssel. Dieser Wert kommt nur einmal vor, so dass man genau weiß welcher Student gemeint ist, auch wenn Studenten dieselbe Adresse oder denselben Namen haben. Wenn man den Primärschlüssel gestaltet, sollte man ihn sprechend machen, das heißt: Im Primärschlüssel sollte man schon erkennen, was den Datensatz ausmacht. So könnte man eine Personalnummer aus drei Buchstaben Vorname, drei Buchstaben Nachname und einer laufenden Nummer erzeugen. Leider ist das bei den Matrikelnummern nicht der Fall...

Der eigentliche Witz am Primärschlüssel wird deutlich, wenn man zwei Tabellen miteinander verknüpfen, also in Beziehung zueinander setzen will.

3.6.2   Fremdschlüsselfeld

Ein Fremdschlüsselfeld ist ein Feld in einer Tabelle, das in einer anderen Tabelle Primärschlüsselfeld ist. Das Fremdschlüsselfeld enthält dieselben Werte, wie das Primärschlüsselfeld, nur dass diesmal die Daten mehrmals, keinmal oder nur einmal vorkommen können. Bezogen auf das obige Tabellenbeispiel bedeutet dies, dass sich ein Student entweder in einem oder mehreren Fachbereichen einschreibt. Der Fremdschlüssel bildet das Gegenstück der Beziehung, verbindet also zwei Datensätze aus unterschiedlichen Tabellen, hier die Datensätze der *Tabelle Matrikelnummer* und der *Tabelle Fachbereiche*.

3.7   Beziehungen

Dass Tabellen miteinander in Beziehung stehen, wurde schon erwähnt. Eine Beziehung stellt die logische Verbindung zwischen zwei Tabellen dar. Wie sehen die Beziehungen genau aus bzw. wie müssen sie aussehen, damit die ganze Datenbank auch funktioniert?

In Access gibt es drei Arten von Beziehungen:

1. die 1 : n-Beziehung

2. die n : m-Beziehung und

3. die 1 : 1-Beziehung.

3.7.1   Die 1:n-Beziehung

Die 1er-Seite besteht aus einer Tabelle die keine redundanten Informationen enthält, ein Wert in einer Spalte also nur *einmal* vorkommt. Diese wird auch *Mastertabelle* genannt. Die Tabelle, die die n-Seite der Beziehung darstellt, kann diesen Wert mehrmals (n = unendlich) oder gar nicht enthalten. Diese ist die *Detailtabelle*. Anders gesagt: bei einer derartigen Beziehung entsprechen einem Datensatz (Tabellenzeile) in der Mastertabelle mehrere Datensätze in der Detailtabelle, wobei mehrere auch die Zahl 0 einschließt.

Beispiel:

Das Prüfungsamt einer Universität braucht eine Datenbank, die in der ersten Tabelle für Matrikelnummern (Mastertabelle) alle Studenten des Fachbereiches Erziehungswissenschaft auflistet. In einer zweiten Tabelle für Prüfungen (Detailtabelle) werden alle Studenten, die in diesem Fachbereich schon eine Prüfung absolviert haben, eingetragen. Weiterhin werden in diese noch Prüfungstitel, Note, Datum und Prüfer vermerkt.

Mastertabelle (Tabelle Matrikelnummer)

Matrikelnummer	Nachname	Adressen
12345678	von Cube	Schmitzweg 9
10111213	Müller	Tannenstr. 18
14151617	Schmidt	Harkortstr. 4
18192021	Damberg	Colastr. 8
usw.		

In der Mastertabelle darf die Matrikelnummer nur einmal vorkommen, da das Feld Matrikelnummer Primärschlüssel ist.

Detailtabelle (Tabelle Prüfungen)

Matrikelnummer	Prüfung	Note	Datum	Prüfer
12345678	Kolloquium	2,1	13.10. 2001	Meyer
12345678	Zwischenprüfung	2,1	01.02.2003	Schmitz
18192021	Zwischenprüfung	3,0	14.06. 2002	Schmitz
18192021	Kolloquium	1,7	12.05.2000	Meyer
usw.				

In der Detailtabelle wird das Primärschlüsselfeld zum Fremdschlüsselfeld (Matrikelnummerfeld in der Detailtabelle) und stellt die andere Seite der Beziehung dar. Die Logik dieser Tabelle erfordert, dass die Matrikelnummer mehrmals oder gar nicht auftauchen darf. In der Detailtabelle gilt es nämlich festzuhalten, welche Prüfungen Student 1234567 wann und bei wem abgelegt hat. Ein Student legt mit der Zeit mehrere Prüfungen ab, weswegen eine Matrikelnummer mehrmals auftauchen können muss. Umgekehrt kann eine Prüfungsbenotung einem Studenten über die Matrikelnummer genau zugeordnet werden. Auch erfährt man, dass Student 14151617 noch keine Prüfungen absolviert hat, da er in der Tabelle für Prüfungen nicht eingetragen ist.

3.7.2 Die n : m-Beziehung

In einer n : m-Beziehung kann ein Datensatz in einem Feld der Tabelle 1 zu einen, keinen oder mehreren Datensätzen in Tabelle 2 in Beziehung gesetzt werden. Umgekehrt besteht von Tabelle 2 die *gleichartige* Beziehung zu Tabelle 1, dass also ein Datensatz der Tabelle 2 zu einem, keinem oder mehreren Datensätzen der Tabelle 1 zugeordnet werden können. In der 1 : n-Beziehung besteht diese Verbindung nur in einer Richtung, von der Mastertabelle zur Detailtabelle.

Die n : m-Beziehung kann nur indirekt über eine *dritte* Tabelle definiert werden. Die Tabelle 3 enthält die Primärschlüssel der Tabellen 1 und 2 als Fremdschlüssel, wodurch eine genaue Zuordnung der jeweiligen Primärschlüssel definiert ist.

Beispiel:

Die Universität will nicht nur die Prüfungen die ein Student abgelegt hat festhalten, sondern auch welcher Student welche Veranstaltungen besucht und welcher Professor die jeweiligen Seminare hält. Es muss also wieder eine Tabelle geben in der alle Studenten mit Matrikelnummer z.B. eines Fachbereichs eingetragen sind, eine zweite Tabelle in der alle Professoren mit Personalnummer und eine dritte Tabelle, die sowohl Matrikel- und Personalnummer enthält, als auch die Seminare. Diese dritte Tabelle setzt dann Tabelle 1 und 2 in Beziehung.

Tabelle 1

Matrikelnummer	Nachname
12345678	von Cube
10111213	Müller
14151617	Schmidt
18192021	Damberg
usw.	

In Tabelle 1 ist die Matrikelnummer wieder der Primärschlüssel.

Tabelle 2

Personalnummer	Nachname
C4567890	Schmetz
C0987654	Bönnhoff
C1029384	Kuklik
C5638764	Stiller
usw.	

In Tabelle 2 ist die Personalnummer der Primärschlüssel.

Tabelle 3

Matrikelnummer	Seminare	Personalnummer
12345678	Sozioökonmie des Haushalts	C4567890

12345678	Ernährungslehre	C0987654
14151617	Wirtschaftslehre	C1029384
12345678	Didaktik der Haushaltslehre	C5638764
18192021	Wirtschaftslehre	C1029384
18192021	Sozioökonmie des Haushalts	C4567890

In Tabelle 3 sind die Primärschlüssel der Tabellen 1 und 2 zu Fremdschlüsseln geworden, da diese eben mehrmals einmal oder keinmal vorkommen können. Ein Student kann mehrere Seminare besuchen (oder auch keine, was man in diesem Fall nicht hoffen will) und ein Professor kann mehrere Seminare halten. Jeder Student kann jedes Seminar besuchen, kann also jedem Professor zugeordnet werden. Der Professor C5638764 taucht nicht in der Tabelle 3 auf da er ein Freisemester hat und somit keine Seminare abhält.

Um diese realen Verhältnisse in Tabellen festhalten zu können, müssen die einzelnen Datensätze der Tabelle 1 und 2 kombinierbar sein. Dies ist in Tabelle 3 der Fall.

3.7.3   Die 1 : 1-Beziehung

Der dritte Beziehungstyp tritt relativ selten auf, da die Felder die in der zweiten Tabelle gespeichert werden, eigentlich direkt in der Tabelle 1 gespeichert werden könnten, ohne dass wiederholende Daten auftreten würden. In beiden Tabellen dieser Beziehung existiert der Wert nur einmal und ist in beiden Tabellen Primärschlüssel. Gründe für so eine Beziehung können sein:

- Um eine möglichst schnelle Datenabfrage zu gewährleisten, versucht man die Tabellen klein zu halten. So macht man aus einer Tabelle mit vielen Spalten zwei kleine, deren jeweilige Daten in einer 1 : 1-Beziehung stehen.

- Tabellen können Daten enthalten, auf die Personen aus unterschiedlichen Zwecken zugreifen müssen, aber nicht alle eingetragenen Informationen zu dem Subjekt brauchen (siehe auch 1.9.2., zweite Normalform).

3.8 Referentielle Integrität

Die so genannte referentielle Integrität bestimmt eine weitere Forderung an verknüpfte Tabellen, die für die Richtigkeit der Daten und ihrer Verknüpfung sorgen soll.

Die beiden Forderungen beinhalten Folgendes:

- Wenn man einen Datensatz in einer *Detailtabelle* einfügt, dürfen nur Fremdschlüssel verwendet werden, die in der *Mastertabelle* vorkommen. In der obigen Tabelle 3 für Veranstaltungen dürfen z.B. nur Professoren vorkommen, die es an der Universität auch tatsächlich gibt, also schon in der Mastertabelle 2 für Professoren eingetragen sind.

- Man darf nicht einfach einen Datensatz in einer Mastertabelle löschen, wenn dieser mit anderen Detailtabellen verknüpft ist. Dies würde zur Folge haben, das eine Menge Datensätze verwaist, also ohne Heimat, in Detailtabellen entstehen. Es gäbe Vorlesungen ohne Professoren und Seminare ohne Studenten. Das wäre nicht gut...oder doch ?

Schaltet man die referentielle Integrität nicht ein, ist das Löschen oder Ändern von Datensätzen, ohne seine komplette Entfernung aus der Datenbank möglich. Ein weiterer Vorteil besteht darin, dass Access anzeigt, welcher Beziehungstyp zwischen den Tabellen besteht und nicht nur dass eine Beziehung überhaupt besteht.

3.9 Die Normalformen

Normalformen sind Regeln für die Bildung von logischen Datenzusammenhängen, die dann in Tabellen umgesetzt werden.

Wieso ist eine so genannte Normalisierung, also die Anwendung der Normalformen auf die Tabellen, notwendig ? Normalisierte Tabellen weisen *erstens* ein Minimum an redundanten Informationen auf, was *zweitens* die physische Größe der Datenbank gering hält. So wird der logische Aufbau klarer, was die Arbeit mit und die Pflege von Datenbanken vereinfacht.

Der Normalisierungsprozess beinhaltet eigentlich 5 Schritte, die streng nacheinander vollzogen werden müssen. In der Praxis verwendet man aber nur die ersten drei, weswegen hier auch nur auf diese eingegangen wird.

Eine Normalisierung beginnt mit der 1. Normalform; ist dieser Schritt abgeschlossen folgt die 2. und dann die 3. Normalform.

Generell kann man sagen, dass ein Normalisierungsschritt mit der Zerlegung von Tabelle endet, wenn diese die jeweilige Normalform nicht erfüllt hat.

3.9.1 Erste Normalform (1. NF)

Eine Tabelle befindet sich in der ersten Normalform, wenn sich die Werte in jeder Zeile und in jeder Spalte im atomaren Zustand befinden, d.h. sich in keine kleineren Einheiten mehr zerlegen lassen.

Tabelle 1: Studenten

Matrikel-nummer	Nachname	Adresse	Geburtsdatum	Fachbereich 1	Fachbereich 2
12345678	von Cube	Schmitzweg 9 44225 Dortmund	20.02. 1980	Musik, EF 50	12
10111213	Schmidt	Tannenstr. 18 45632 Bochum	23.04. 1970	5	13
14151617	Schmidt	Harkortstr. 4 87564 Lünen	15.06. 1982	16	11
18192021	Damberg	Colastr. 8 44123 Dortmund	30.12. 1977	8	5

In dieser Tabelle sind alle Informationen zu einem Studenten eingetragen, seien es persönliche Daten, wie Matrikelnummer, Adresse, Name und auch Daten, die das Studium des Studenten betreffen, wie die Fachrichtungen. Weiterhin sind in der Spalte *Adresse* alle Adressanteile, wie Straßenname und Stadt untergebracht.

Es gibt zwei Probleme bei dieser Tabelle.

Das erste besteht darin, dass die Werte in der Spalte *Adresse* nicht in atomarer Form vorhanden sind. Die Informationen im Feld Adressen sind weiter zerlegbar (atomisierbar), nämlich in Strasse, Stadt und Postleitzahl.

Diese Trennung ist notwendig, um bei Abfragen *(siehe Abfragen)* möglichst schnell ein Ergebnis zu erzielen. Will die Universität wissen, wie viele Studenten aus welcher Stadt kommen, würde das Programm bei der obigen Tabelle mehr Zeit für ein Ergebnis brauchen, als wenn die Stadt in einer eigenen Spalte aufgeführt wäre. Zusätzlich ist es wesentlich übersichtlicher, wenn man genau weiß wo der Eintrag Stadt zu finden ist.

Es muss also noch eine Spalte *Stadt* eingefügt werden.

Der zweite Nachteil dieser Tabelle ist, dass sie nur eine begrenzte Anzahl Spalten für die Fachbereiche hat. Wenn nun ein Student in vielen Fachbereichen eingeschrieben hat, muss man bei dieser Tabelle Spalten an der rechten Seite anfügen. Dadurch wird die Tabelle ewig breit und manche Felder sind einfach leer, weil sich nun nicht jeder Student in gleich viele Fachbereiche einschreibt.

Auch ist hier eine Abfrage nur sehr unökonomisch zu haben, wenn man wissen will welcher Student in welchem Fachbereich studiert. In welcher Spalte soll man z.B. nach Fachbereich 13 suchen ? Dieser Fachbereich kann sich sowohl in der Spalte „Fachbereich 1" oder „Fachbereich 2" befinden.

Diese Tabelle muss also sowohl in einer Spalte (Adressen) atomisiert werden, als auch in den Zeilen, damit sie die erste Normalform erfüllt. Dafür braucht man eine zweite Tabelle.

Die folgende Tabelle enthält nur atomare Werte, denn jede logische Einheit (Strasse, Stadt, Postleitzahl etc.) hat eine eigene Spalte. Die Abfrage welcher Student in welcher Stadt wohnt ist nun kein Problem mehr.

Tabelle 1: Persönliche Daten der Studenten (Adresse)

Matrikel-nummer	Nach-name	Strasse	Hausnr	Postleit-zahl	Ort	Geburtsdatum	Gebäude
12345678	von Cube	Schmitzweg	9	44225	Dortmund	20.02. 1980	1
10111213	Schmidt	Tannenstr.	18	45632	Bochum	23.04. 1970	2
14151617	Schmidt	Harkortstr.	4	87564	Lünen	15.06. 1982	3
18192021	Damberg	Colastr.	8	44123	Dortmund	30.12. 1977	5
usw.							

Die Matrikelnummer ist hier der Primärschlüssel.

Nun fehlt aber noch die zweite Tabelle, die direkte Informationen zum Studium der Studenten, wie die Fachbereiche enthält.

Tabelle 2: Fachbereiche

Matrikelnummer	Fachbereich	Abschluss	Semester
12345678	13	Lehramt	2
12345678	14	Lehramt	2
12345678	15	Lehramt	2
14151617	13	Diplom	5
14151617	4	Diplom	4
18192021	15	Lehramt	1

Die *Tabelle 2 Fachbereiche* enthält für jeden Fachbereich, in der sich der Student eingeschrieben hat, eine Zeile. So wächst die Tabelle nicht in die Breite sondern in die Länge. Bei diesem Tabellenaufbau muss die Struktur nicht verändert werden. Die Matrikelnummer ist in dieser Tabelle Fremdschlüssel.

Die Informationen über einen Student sind nun logisch voneinander getrennt. In *Tabelle 1* tauchen nur persönliche Daten der Studenten auf, in der *Tabelle 2* nur Informationen zum Studium derselbigen. Die Werte in beiden Tabellen sind atomar und erfüllen dadurch die erste Normalform.

3.9.2   Zweite Normalform (2. NF):

Eine Tabelle befindet sich in der zweiten Normalform, wenn

- sie sich in der ersten Normalform befindet

- jede Tabellenzeile nur Informationen enthält, die sich auf das Subjekt (Student) beziehen, das durch den Primärschlüssel (Matrikelnummer) dargestellt wird

Unsere *Tabelle 1* (persönliche Daten) erfüllt die erste Normalform, jedoch nicht die zweite Bedingung, nämlich dass alle Felder direkt vom Primärschlüssel abhängig sind. Die folgende Tabelle verstößt offensichtlich gegen die zweite Normalform.

Matrikel nummer	Nach- name	Strasse	Hausnr.	Postleit- zahl	Ort	Geburtsdatum	Gebäude
12345678	von Cube	Schmitzweg	9	44225	Dortmund	20.02. 1980	1
10111213	Schmidt	Tannenstr.	18	45632	Bochum	23.04. 1970	2
14151617	Schmidt	Harkortstr.	4	87564	Lünen	15.06. 1982	3
18192021	Damberg	Colastr.	8	44123	Dortmund	30.12. 1977	5
usw.							

Das Feld Gebäude hat nichts mit der Matrikelnummer zu tun, und gehört in eine andere Tabelle. Dies wäre ein grober Verstoß gegen den logischen Aufbau einer Datenbank, der auch schnell auffallen würde.

3.9.3   Dritte Normalform (3. NF)

Die 3. Normalform enthält die Forderungen

- dass die zweite Normalform muss erfüllt sein

- dass alle Spalten nur einmal vorkommen dürfen und alle Spalten, die nicht den Primärschlüssel bilden, voneinander *unabhängig* sein müssen

Matrikel nummer	Nachname	Strasse	Hausnr	Postleitzahl	Ort	Geburtsdatum
12345678	von Cube	Schmitzweg	9	44225	Dortmund	20.02. 1980
10111213	Schmidt	Tannenstr.	18	45632	Bochum	23.04. 1970
14151617	Schmidt	Harkortstr.	4	87564	Lünen	15.06. 1982
18192021	Damberg	Colastr.	8	44123	Dortmund	30.12. 1977
usw.						

In dieser Tabelle persönliche Daten kommen zwar alle Spalten nur einmal vor, jedoch ist die Spalte Postleitzahl direkt mit der Spalte Ort verbunden. Sie sind von einander abhängig. Deshalb muss man eigentlich eine eigene Tabelle nur mit PLZ und Ort haben (die gibt es auch im Internet) und in die Tabelle schreibt man nur die PLZ hinein. Der passende Ort wird sich dann aus der anderen Tabelle kopiert.

Die Tabelle *persönliche Daten* die alle drei Normalformen erfüllt sieht dann so aus:

Matrikelnummer	Nachname	Strasse	Hausnr	Postleitzahl	Geburtsdatum
12345678	von Cube	Schmitzweg	9	44225	20.02. 1980
10111213	Schmidt	Tannenstr.	18	45632	23.04. 1970
14151617	Schmidt	Harkortstr.	4	87564	15.06. 1982
18192021	Damberg	Colastr.	8	44123	30.12. 1977
usw.					

3.10 Indizes

Indizes sind Zusätze, die man in einer Tabelle definieren kann, um Such- und Sortieroptionen *zu beschleunigen*. Wenn man in eine Tabelle für ein oder mehrere Felder einen Index (Einzahl von Indizes, also dasselbe) definiert, speichert das Datenbanksystem spezielle Informationen über diesen Index in einer getrennten, nicht sichtbaren Systemtabelle.

Mit dem Index kann man z.B. eine bestimmte Reihenfolge der Datensätze definieren, nämlich ab- oder aufsteigend. Ist die Tabelle einmal nach einem bestimmten Kriterium sortiert, merkt sich das Access, weswegen man immer schnell auf die Daten zurückgreifen kann. Sucht man einen bestimmten Wert in einer schon sortierten Spalte, läuft dies wesentlich schneller ab, als bei unsortierten Tabellen, weil das Programm nicht die große sichtbare Tabelle sortiert, sondern die unsichtbare nur zweispaltige Systemtabelle.

Es gibt aber auch Nachteile. Das Suchen und Sortieren läuft zwar schneller, gibt man jedoch neue Daten in die Ausgangstabelle ein, aktualisiert Access gleichzeitig die Systemtabelle. Das verzögert den Eingabeprozess.

Man sollte also mit Indizes sparsam umgehen und sie nur dort definieren, wo es Sinn macht.

Primärschlüssel und Indizes haben ein festes Verhältnis :

- Ein Primärschlüssel einer Tabelle ist auch immer ein Index. Das wird vom Programm bei der Festlegung des Schlüssels automatisch vorgenommen

- Umgekehrt muss ein Index nicht Primärschlüssel sein.

Indizes können in mehreren Feldern gesetzt werden, also mehrere Kriterien bilden, nach denen die Daten einer Tabelle sortiert werden sollen. Dafür muss man festlegen, nach welchem Kriterium die Tabelle zuerst sortiert werden soll. Ist die Tabelle nach dem ersten Kriterium sortiert, wird sie nach dem zweiten Kriterium sortiert usw.

Beispiel:

Ein aufsteigend sortierter Index auf die Felder Nachname, Vorname, Geburtsdatum sortiert nach dem Nachnamen, bei gleichem Nachnamen nach Vornamen, bei gleichem Nach- und Vorname, nach Geburtsdatum.

Die Reihenfolge der Felder wird bei der Definition des Indizes festgelegt.

Indizes können Duplikate, also zweimal den selben Wert in einem Feld, zulassen oder auch nicht. Im letzteren Fall funktioniert er wie ein Primärschlüssel, da dann ein Wert nur einmal eingegeben werden kann.

4 Die Benutzeroberfläche von *Access* 2003

4.1 Die Oberfläche nach dem Start von *Access* 2003

Nach dem Start von **Access** erscheint die Oberfläche von **Access** auf dem Bildschirm. Zu sehen gibt es erst einmal nicht viel

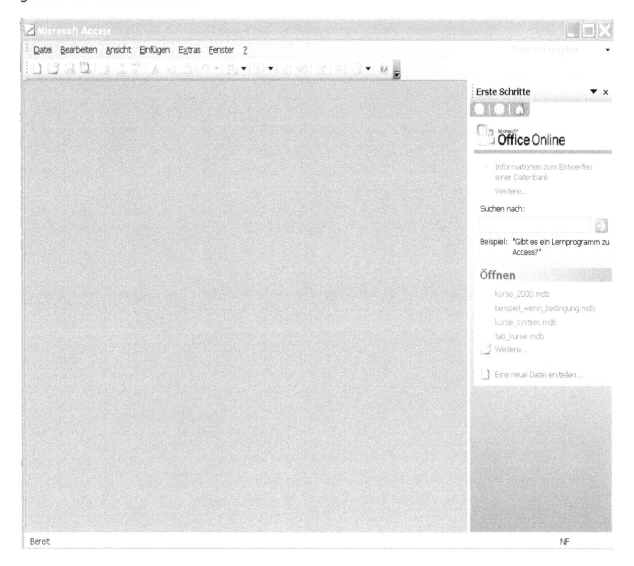

Der Startbildschirm ist sehr übersichtlich: nur die Menüzeile am oberen Rand und einen Kasten am rechten Rand, der sich Aufgabenbereich nennt, hier mit "Erste Schritte" betitelt ist.

Unter **Erste Schritte *Neue Datei*** kann man eine neue Datenbank öffnen. Weiterhin kann man durch Eingabe einer Frage die ***Access*** -Hilfe aktivieren und unter dem Menü Öffnen schon vorhandene Datenbanken öffnen.

Legt man eine neue, leere Datenbank an, dann passiert etwas, das man von Word oder Excel nicht kennt. ***Access*** fordert einen auf, die noch gar nicht erstellte Datenbank zu benennen und zu speichern. Das liegt daran, dass später bei der Dateneingabe in eine Tabelle nicht mehr separat gespeichert wird. Sobald man einen Datensatz fertig eingegeben hat, wird dieser auf der Festplatte gespeichert. Deswegen braucht ***Access*** den Dateinamen schon beim Erstellen. Es ist gut, wenn man sich an dieser Stelle daran gewöhnt, den Dateinamen der Datenbank, in der man seine Tabellen anlegt im Präfix mit **tab_** zu benennen. So kann man sie später auseinander halten von der Datenbank, in der die Aufbereitung der Daten passiert.

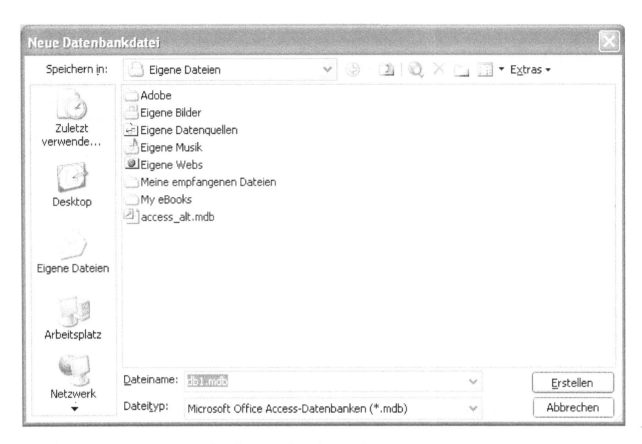

Hier kann man einen Namen für die neue Datei vergeben.

Vergibt man einen Namen und speichert ab, öffnet sich automatisch das in der Abbildung zu sehende Menüfenster. Über dieses Übersichtsmenü (Datenbankfenster) können die verschiedenen Objekte (Tabellen, Abfragen, Formulare etc.) und Ansichtsmöglichkeiten (Entwurfsansicht, Druckansicht) von **Access** geöffnet werden.

Leider hat Microsoft **Access** an dieser Stelle eine Hilfe eingebaut, die eher verwirrt: Neben den Objekten sieht man auch drei Befehle im Fenster des Containers. Diese Befehle bewirken das Gleiche, wie die in der Menüleiste des Containers. In einem Fenster sind normalerweise immer nur Objekte angeordnet, jedoch keine Befehle wie hier. Es entspricht also nicht der Logik eines Fensteraufbaus. Dies kann man unter **Extras** " *Optionen* " *Ansicht* " *,Neue Objektverknüpfung'* ändern.

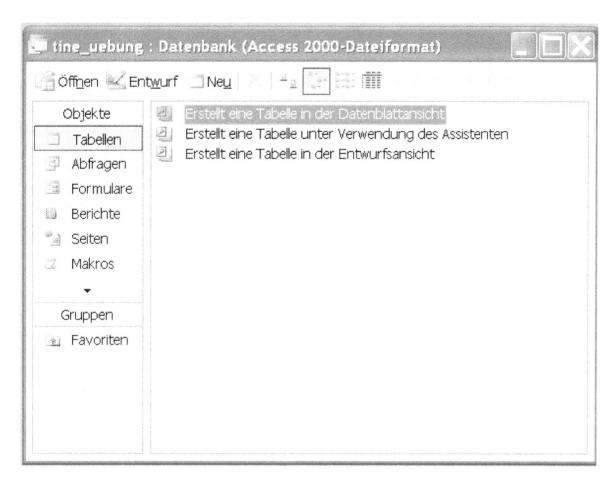

Eine leere neue Datenbank

Klickt man dort das Häkchen weg, verschwinden die Befehle aus dem Fenster und es öffnet sich das zu sehende Fenster ,Neue Tabelle'.

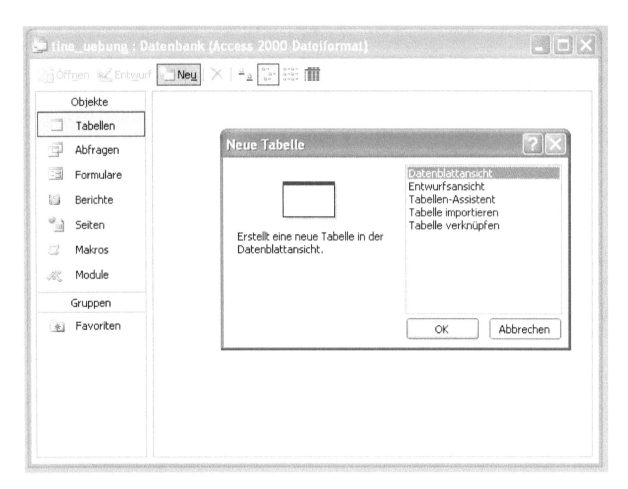

Übersichtsmenü mit Fenster ‚Neue Tabelle'

Über dieses Fenster hat man auf viel mehr Befehle Zugriff, als bei der vorherigen Einstellung. Mit dem markierten Button ‚Neu' in der Menüleiste kann das Fenster geöffnet werden.

4.2   Was es sonst noch so gibt

Schaut man sich die linke Containerseite an, sieht man eine Auflistung verschiedener Objekte. Die Objekte haben folgende Funktionen:

Tabellen	speichern Daten. Eine Tabelle ist eine Sammlung von Daten über ein bestimmtes Thema. Jede Zeile einer Tabelle entspricht einem Datensatz, jede Spalte einem Datenfeld.
Abfragen	sammeln die angeforderten Daten aus einer oder mehreren Tabellen, damit sie die Daten in einem Formular ansehen, bearbeiten oder in einem Bericht drucken können. Mit einer Abfrage können Datensätze einer Tabelle oder mehrerer Tabellen ermittelt und aufgelistet werden, welche bestimmte Bedingungen erfüllen. Diese Daten können beispielsweise angezeigt, geändert, ausgewertet oder analysiert werden.
Formulare	zeigen Daten aus Tabellen oder Abfragen zusammen an, damit sie die Daten ansehen, bearbeiten oder eingeben können.

	Formulare dienen also zu Ansicht, Eingabe und Bearbeitung von Daten aus Tabellen und Abfragen.
Berichte	fassen Daten aus Tabellen und Abfragen zusammen und präsentieren sie, damit sie Sie drucken können. In Berichte werden Daten aus den Tabellen und Abfragen zusammengefasst. Diese können dann über den Drucker ausgegeben werden. Der Berichtsaufbau wird einmalig definiert und kann dann immer wieder auf die Datenbank angewendet werden.
Makros	automatisieren Ihre Datenbank, indem sie ohne Programmierung die von Ihnen angegebene Aktionen durchführen. Mit Hilfe von Makros werden Arbeiten automatisiert, welche immer wieder mit Access ausgeführt werden. Es wird dabei eine Liste mit Anweisungen erstellt (Aktionen). Diese können anschließend jederzeit abgespielt werden.
Module	speichern *Access* Basis-Code, den sie schreiben können, um Ihre Datenbank zu erweitern, zu optimieren und ihren Erfordernissen anpassen. Access bietet eine Programmiersprache an (Visual Basic für Applikationen) mit der die Datenbank um bestimmte Funktionen erweitert, den Erfordernissen angepasst und optimiert werden kann.

Die letzten beiden Buttons werden hier nicht erläutert.

Man wechselt zwischen den Objekten auf der linken Seite. Wenn ein Objekt offen ist, so kann es durch den Klick auf die Schließen-Schaltfläche geschlossen werden.

Um die Beziehungen der verschiedenen *Access* -Elemente nachvollziehen zu können, folgende Abbildung:

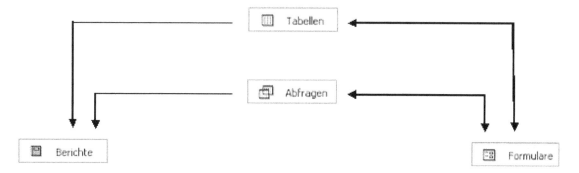

Beziehung zwischen den Objekten

Mit den Symbolen der oberen Menüleiste des Übersichtsmenüs kann man Folgendes anstellen:

Öffnen	Öffnet ein markiertes Objekt.
Entwurf	Zeigt das markierte Objekt in der Entwurfsansicht an.
Neu	Erstellt ein neues Objekt (Tabelle, Abfrage etc.). Hat man sonst noch nichts erstellt, ist nur dieser Button aktiv.
	Diese Reihe von Knöpfen ermöglichen eine unterschiedliche Anordnung (größer, kleiner etc.) der jeweiligen Buttons. Einfach ausprobieren.

Die oberste Menüleiste des großen Fenster enthält die üblichen Windows-Symbole, wie *Speichern, Kopieren, Ausschneiden* usw. Neben diesen gibt es aber noch **Access** spezifische Buttons, die im Weiteren erklärt werden sollen.

	Öffnet den Microsoft-Word-Seriendruck-Assistenten, der **Access**-Daten mit Word-Daten zur Erstellung von Seriendrucken und Adressetiketten verknüpft.
	Startet den Assistenten zur Tabellen-Analyse, der die Datenbank unter anderem auf redundante Informationen überprüft. Wenn nötig, unterteilt er eine Tabelle in mehrere.
	Zeigt die Eigenschaften eines markierten Objekts an.
	Zeigt das Fenster an, in dem Beziehungen der Tabellen/Abfragen angezeigt, bearbeitet und definiert werden können.

Klickt man ⃞ zum öffnen des Fensters, indem die Tabellenbeziehungen angezeigt werden, erscheinen folgende Buttons:

	zeigt die direkte Beziehung einer einzelnen Tabelle zu einer anderen einzelnen Tabelle an.
	zeigt alle Beziehungen aller Tabellen/Abfragen einer Datenbank an.
	erlaubt das Anzeigen aller vorhandener Tabellen/Abfragen im Fenster Beziehungen.
	zeigt das Datenbankfenster (Übersichtsmenü) an.
	ermöglicht das Öffnen neuer Objekte (Tabellen, Formulare etc.).

---

5 Die erste Tabelle

5.1 1. Vorüberlegung

Es sollte bisher klar geworden sein, dass ein Großteil der Arbeit schon vor dem eigentlichen Erstellen der Datenbank in der theoretischen Organisation liegt. Da hilft nur eins: Man muss vorher an den Schreibtisch und mit Papier und Bleistift überlegen, was man eigentlich will. Es ist zwar möglich, Datenbankstrukturen auch im Nachhinein zu ändern, aber das kostet Mühe und ist eventuell auch Quelle von Datenverlusten.

Die Aufgabe, die in diesem Kapitel zu lösen ist, bezieht sich auf den universitären Bereich. Die Universität verwaltet Studenten, Professoren, Seminare, Prüfungen etc. mit Hilfe einer Datenbank.

5.1.1 Aus wie vielen Tabellen soll die Datenbank bestehen?

Wenn man weiß, welche Daten in der Datenbank verwaltet werden sollen (hier die oben genannten), ihr den Namen **_tab_uni-verwaltung.mdb_** gegeben hat, muss man sich die logischen Verbindungen der einzelnen Datengruppen (Matrikelnummer, persönliche Daten der Studenten...) klar machen, um entscheiden zu können, welche zusammen in eine Tabelle gehören und welche nicht.

Es gibt eine Fülle von Informationen, die sicherlich nicht alle in eine Tabelle gehören, aus den Gründen die im ersten Kapitel (redundante Informationen, Gewährleistung einer schnellen Abfrage, Übersichtlichkeit) genannt worden sind.

Bei unserem Beispiel sind die logischen Zusammenhänge eigentlich klar. Zur Matrikelnummer gehören die persönlichen Daten der Studenten wie der Name, die Adresse usw. und zu den Personalnummer der Professoren natürlich auch deren Namen. Was würde es für einen Sinn machen die Namen der Professoren zusammen mit den Adressen der Studenten in einer Tabelle aufzuführen? Ein großes Durcheinander; die Studenten bekämen die Prüfungsunterlagen ihrer Professoren zugeschickt. Fatal.

Folgende Abbildung zeigt eine Beispieltabelle für die persönlichen Daten der Studenten. Ähnliche Informationen kann die Tabelle für persönliche Daten der Professoren enthalten.

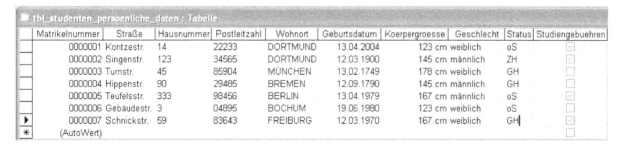

Matrikelnummer	Straße	Hausnummer	Postleitzahl	Wohnort	Geburtsdatum	Koerpergroesse	Geschlecht	Status	Studiengebuehren
0000001	Kontzestr.	14	22233	DORTMUND	13.04.2004	123 cm	weiblich	oS	☑
0000002	Singenstr.	123	34565	DORTMUND	12.03.1900	145 cm	männlich	ZH	☑
0000003	Turnstr.	45	85904	MÜNCHEN	13.02.1749	178 cm	weiblich	GH	☐
0000004	Hippenstr.	90	29485	BREMEN	12.09.1790	145 cm	männlich	GH	☐
0000005	Teufelsstr.	333	98456	BERLIN	13.04.1979	167 cm	männlich	oS	☑
0000006	Gebäudestr.	3	04895	BOCHUM	19.06.1980	123 cm	weiblich	oS	☐
0000007	Schnickstr.	59	83643	FREIBURG	12.03.1970	167 cm	weiblich	GH	☑
(AutoWert)									☐

Tabelle für persönliche Daten der Studenten

Nun, wie erstellt man so eine schöne Tabelle? In diesem Kapitel soll die Vorgehensweise zur Erstellung einer solchen Tabelle, anhand dieser Beispieltabelle erklärt werden.

In der Abbildung sieht man die Tabelle in der Datenblattansicht, in der man die Informationen über die Studenten eingibt. Um jedoch so eine Tabelle mit Spaltenüberschriften und den jeweiligen Feldeigenschaften zu basteln, muss man in die so genannte Entwurfsansicht wechseln.

5.1.2 Die Entwurfsansicht: Feldnamen, Felddatentyp und Feldgröße:

Die Spaltenname kann man mit Hilfe des Tabellen-Assistenten oder über die Entwurfsansicht vornehmen.

Der Assistent ist uns zu einfach, wir wollen ja wissen, wie *Access* ungefähr funktioniert.

Man öffnet also über den Button ⌐Neu in der Menüleiste des Containers die Entwurfsansicht für Tabellen. Folgendes Bild erscheint:

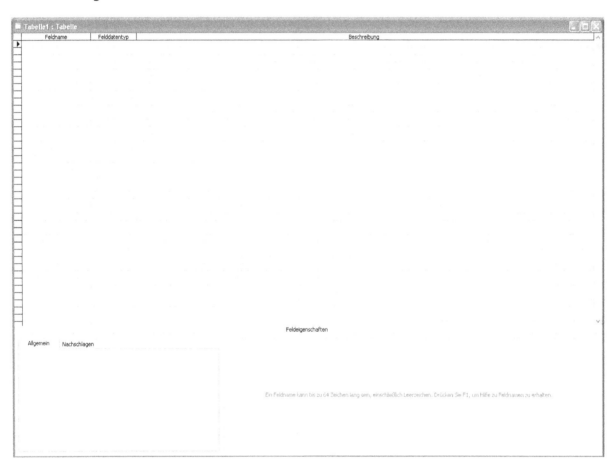

Entwurfsansicht einer Tabelle

In die Spalte ‚ *Feldname* ' werden die Bezeichnungen für die Tabellenspalten eingegeben. Das kleine schwarze Dreieck am linken Rand ▶, zeigt an, welche Zeile gerade bearbeitet wird.

Der *Felddatentyp* weist den Tabellenspalten verschiedene Eigenschaften zu, je nachdem welcher Datentyp (z.B. Text oder Zahl) in die jeweiligen Spalten eingegeben werden soll. Gibt man einen Feldnamen ein, hier *Nachname* , und klickt in die Spalte Felddatentyp, erscheint ein Button, welcher ein Dropdownfenster öffnet:

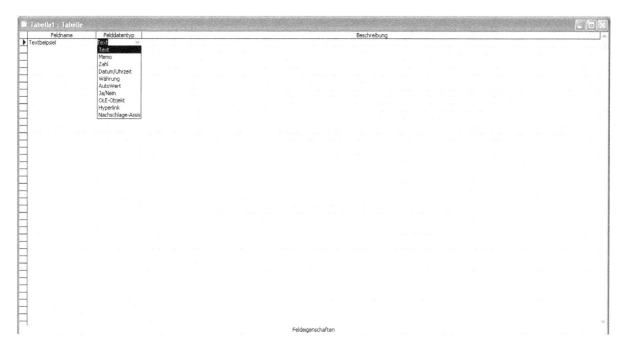

Entwurfsansicht: Felddatentyp

Man sieht, dass es noch mehr Felddatentypen gibt als nur Text oder Zahl, ganz platt gesagt: solche mit denen man rechnen kann, und solche die für Text reserviert sind. In der folgenden Tabelle sind die unterschiedlichen Typen und ihre Funktion aufgelistet.

Felddatentyp	Beschreibung	Größe
Text	Text (Standardeinstellung) erlaubt alle Buchstaben, Zeichen und Zahlen der Tastatur. Allerdings kann man mit den Zahlen nicht rechnen.	Maximal 255 Zeichen, Standardwert sind 50 Zeichen
Memo	Ermöglicht Text von großer Länge, was für Beschreibungen und vertiefende Bemerkungen brauchbar ist.	Maximal 64.000 Zeichen
Zahl	Erlaubt die Eingabe eines beliebigen numerischen Werts. Weitere Präzisierungen werden mit der Eigenschaft Feldgröße festgelegt.	1,2,4, oder 8 Byte
Datum/Zeit/Währung	Eingabe von Datum- und Zeitangaben	8 Byte
Auto-Wert	Zahl, die von *Access* automatisch vergeben wird und die eindeutig ist (ohne Duplikat), wenn ein neuer Datensatz einer Tabelle hinzugefügt wird. Felder vom Datentyp *AutoWert* können nicht verändert werden. Zahlen, die bereits vergeben waren, stehen auch nach dem Löschen der Datensätze nicht mehr zur Verfügung. Man kann bestimmen, ob neue Zahlen jeweils um den Wert 1 erhöht oder als Zufallszahl eingefügt werden. (Siehe Seite 7 - Primärschlüssel)	4 Byte
Ja/Nein	Wahrheitswerte *Ja* bzw. *Nein* . Statt *Ja* ist es erlaubt *Wahr* oder *-1* einzugeben. Statt *Nein* darf man *Falsch*	1 Bit

Felddatentyp	Beschreibung	Größe
	oder *0* eingeben.	
OLE-Objekte	Objekte die von einem OLE-Server erzeugt wurden (Excel-Tabellen, Draw-Graphik ect.).	128 MB
Hyperlink	Eingabe erscheint als Hyperlink	Bis zu 64.000 Zeichen
Nachschlage-Assistent	Assistent zur Erstellung von Nachschlage-Felder, welche eine Auswahl von Werten aus einer anderen Tabelle/Werteliste ermöglicht.	4 Byte

Der **Nachschlage-Assistent** bedarf einer genaueren Erklärung. Eigentlich handelt es sich dabei nicht um ein Datentyp, sondern um eine Eingabehilfe, bei der man eine Werteliste anbietet, aus der der man sich einen Eintrag aussuchen kann. Der Assistent führt durch die einzelnen Schritte:

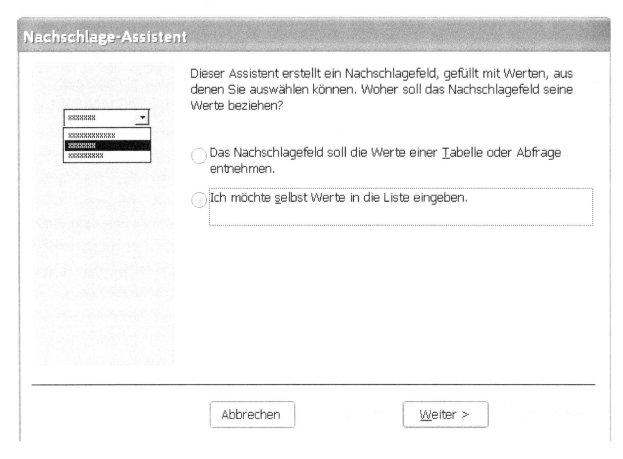

Erster Schritt

Hier bestimmt man, wo die Werteliste herkommt. In diesem Fall, will man sie selber eintragen

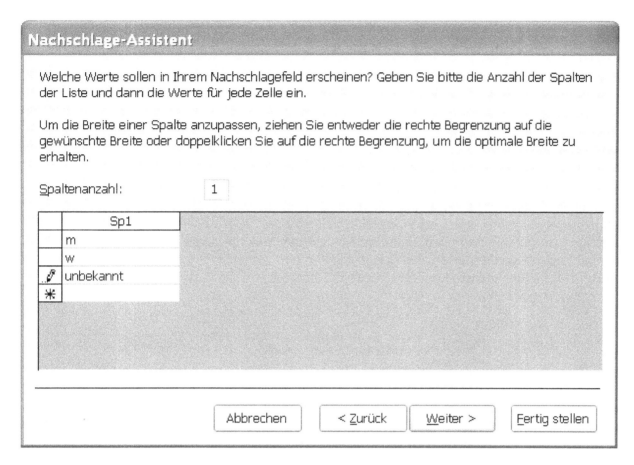

Zweiter Schritt

Im nächsten Schritt trägt man die Werte in die Spalte ein.

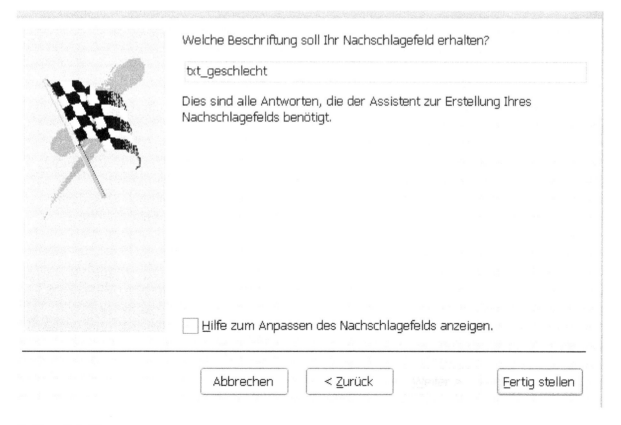

Dritter Schritt

Im dritten Schritt gibt man dem Feld einen Namen und zum Schluss hat man ein Dropdownfeld in der Tabelle, aus dem man Werte auswählen kann.

Dropdownfeld zur Auswahl der Daten

Was aber nun, wenn man hier noch einen Wert hinzufügen möchte. Dann muss man wieder in die die Entwurfsansicht wechseln, dort das Feld markieren und *unten* in den **Eigenschaften** (ein kleiner Vorgriff auf das nächste Kapitel) die zweite Registerkarte *Nachschlagen* aussuchen.

Die Werteliste des Dropdownfelds

Hier findet man die Werteliste durch Semikolons getrennt und fügt den gewünschten Eintrag einfach hinzu.

Zurück zum oberen Teil der Eigenschaften, wo man als letztes die Spalte *"Beschreibung"* findet. Diese sollte man ausfüllen, wenn der Feldname nicht eindeutig ist. Zum einen kann man hier auf Besonderheiten aufmerksam machen, z. B. ob es Gültigkeitsregeln für die Eingabe gibt. Zum anderen weiß man dann auch nach drei Wochen noch, was man mit diesem Feld eigentlich anfangen wollte.

5.1.3   Feldeigenschaften

Im unteren Teil der Entwurfsansicht, kann man die verschiedenen **Feldeigenschaften** bestimmen. Welche Feld*eigenschaften* es gibt, hängt an dem welcher Feld*datentyp* (Text, Zahl, Auto-Wert etc.) definiert worden ist.

Feldeigenschaften beim Textfeld

Im Folgenden werden Feldeigenschaften für den Datentyp **Text** erläutert.

Die **Feldgröße** bestimmt, wie viel Speicherplatz *maximal* das jeweilige Feld für die Daten zur Verfügung stellt.

Bei einem **Textfeld** gibt man die benötigte Zeichenanzahl (0-255) einfach per Hand ein. Der Standardwert, also die Voreinstellung, beträgt 50 Zeichen.

Damit kann ein wenig das Eingabeverhalten gesteuert werden. Wenn man weiß, dass der Eintrag niemals 5 Zeichen übersteigt (z.B. bei der Postleitzahl), kann man über die Eingabebegrenzung Fehler vermeiden.

Mit der Eigenschaft **Format** kann man bestimmen, wie die eingegebenen Daten angezeigt werden sollen. Es gibt vordefinierte Formate, die ***Access*** in einen Dropdownfenster anbietet. Man kann auch benutzerdefinierte Formate über die Eingabe von Zeichen in die Zeile *Format* erstellen. Eine Auswahl der zur Verfügung stehenden Zeichen und ihrer Funktionen sind in den folgenden Tabellen aufgeführt, wobei das bei dem Textfeld nicht ganz so wichtig ist, da man im Normalfall wohl sehen möchte, was man dort hineinschreibt. Am Wichtigsten ist hier wohl die Möglichkeit, die Groß- und Kleinschreibung zu erzwingen:

Symbole für *alle Datentypen*

Symbol	Bedeutung
(Leerzeichen)	Zeigt ein Leerzeichen an.
"ABC"	Eine beliebige Zeichenfolge in Anführungszeichen wird unverändert wiedergegeben.
!	Ausrichtung ist linksbündig statt rechtsbündig.
*	Füllt verfügbaren Leerraum mit dem auf das Sternchen nachfolgende Zeichen auf.
\	Nur das dem Backslash folgende Zeichen wird unverändert angezeigt.
[*Farbe*]	Zeigt die formatierten Daten in der in eckigen Klammern angegebenen Farbe an. Verfügbare Farben: Schwarz, Blau, Grün, Zyan, Rot, Magenta, Gelb, Weiß.

Besondere Symbole für Datentypen *Text* und *Memo*

Symbo	Beschreibung

I	
<	Alle Zeichen in Kleinbuchstaben.
>	Alle Zeichen in Großbuchstaben.

Eine ausführliche Auflistung vorhandener Zeichen und ihrer Wirkung auf das Erscheinungsbild der Daten für die anderen Datentypen kann man der Hilfe von **Access** entnehmen. Die wird über die Taste **F1** geöffnet, wobei der Cursor in der Zeile Format stehen muss.

Im Gegensatz zu der Feldeigenschaft *Format* , welche einzig und allein das Datenanzeigeformat nach der Eingabe festlegt, kann man über die Feldeigenschaft **Eingabeformat** die Dateneingabe an sich beeinflussen und vereinfachen. Man hat die Möglichkeit, zu bestimmen, wo und in welcher Anzahl Daten in ein Feld eingegeben werden dürfen bzw. müssen. Falls die Eingabe nicht dem definierten Eingabeformat entspricht, erscheint beim Verlassen des Feldes die in der Abbildung zu sehende Fehlermeldung.

Fehlermeldung am Beispiel einer ISBN-Maske

Eingabeformate können für die Felder der Datentypen Text, Zahl oder Währung und Datum/Uhrzeit festgelegt werden. Das ist insbesondere dann sinnvoll, wenn die Daten eines Feldes immer denselben Aufbau besitzen, wie zum Beispiel eine ISBN oder Matrikelnummer.

Eingabeformate können sehr einfach über den Eingabeformat-Assistenten festgelegt werden.

Hat man allerdings vor, ein eigenes Eingabeformat zu erstellen, muss man die entsprechenden Platzhalter kennen:

Zeichen	Beschreibung
0	Ziffer (0 bis 9, Eingabe erforderlich, Plus- [+] und Minuszeichen [−] sind nicht erlaubt).
9	Ziffer oder Leerzeichen (Eingabe nicht erforderlich, Plus- und Minuszeichen sind nicht erlaubt).
#	Ziffer oder Leerzeichen (Eingabe nicht erforderlich, Leerzeichen werden als Leerzeichen im Bearbeitungsmodus angezeigt, aber beim Speichern der Daten entfernt, Plus- und Minuszeichen sind erlaubt).
L	Buchstabe (A bis Z, Eingabe erforderlich).
?	Buchstabe (A bis Z, Eingabe optional).
A	Buchstabe oder Ziffer (Eingabe erforderlich).
a	Buchstabe oder Ziffer (Eingabe nicht erforderlich).
&	Ein beliebiges Zeichen oder ein Leerzeichen (Eingabe erforderlich).
C	Ein beliebiges Zeichen oder ein Leerzeichen (Eingabe nicht erforderlich).
. , : ; - /	Platzhalter für Dezimaltrennzeichen sowie Tausender-, Datums- und Zeit-Trennzeichen. (Das tatsächlich verwendete Zeichen hängt von den Einstellungen im Dialogfeld **Eigenschaften von Ländereinstellungen** in der Systemsteuerung von Windows ab.)
<	Alle Buchstaben werden in Kleinbuchstaben umgewandelt.
>	Alle Buchstaben werden in Großbuchstaben umgewandelt.
!	Bewirkt, dass die Anzeige im Eingabeformat von rechts nach links anstatt von links nach rechts erfolgt. Eingegebene Zeichen füllen das Eingabeformat immer von links nach rechts aus. Sie können das Ausrufezeichen-Symbol an jeder beliebigen Stelle im Eingabeformat einfügen.
\	Das folgende Zeichen wird als Literal angezeigt, die Wirkung als Sonderzeichen wird ggf. dadurch aufgehoben. (z. B. wird \A als A angezeigt).

An Hand von ein paar Beispielen wird es noch klarer:

Eingabeformat	Beispielwerte
(00000) 000-0000	(0231) 721-4642
(999) 999-9999	(0231) 721-4642
	( ) 555-0248
(00000) AAA-AAAA	(02206) 555-TELE
#999	-20
	2000
>L????L?000L0	GRÜN GR339M3
	MAI R 452B7
>L0L 0L0	T2F 8M4
00000-9999	98115-
	98115 -3007
>L<?????????????	Maria
	Kruggel
ISBN 0-&&&&&&&&&-0	ISBN 1-55615-507-7
>LL00000-0000	DB51392-0493

Mit **Beschriftung** weist man den Tabellenspalten ihre Überschriften zu, die man in der Datenblattansicht auch sehen kann. Die Feldnamen in der Entwurfsansicht dienen mit ihren Präfixen nur der Orientierung innerhalb der Datenbank. Wenn das Feld nicht ausgefüllt wird, setzt *Access* automatisch den schon vergebenen Feldnamen ein.

Das Feld **Standardwert** erlaubt eine Voreinstellung des Wertes. Wenn man zum Beispiel weiß, dass die meisten Studenten der Universität Dortmund auch in Dortmund wohnen, kann man als Standardwert in der Spalte *Wohnort* „Dortmund" angeben. Es ist kein Problem diesen Wert dann wieder in der Datenbank zu ändern.

Gültigkeitsregel : Man kann über so genannte Ausdrücke, Gültigkeitsregeln für die jeweiligen Felder formulieren. Wird eine Regel für ein Feld festgelegt, können nur solche Werte eingegeben werden, die der Gültigkeitsregel entsprechen. Eine Gültigkeitsregel schränkt den bereits durch den Felddatentyp vorgegebenen Rahmen der Dateneingabe weiter ein.

Beispiele für Gültigkeitsregeln sind in der folgenden Tabelle aufgelistet:

Gültigkeitsregel	Bedeutung
>=0	Wert muss größer oder gleich Null sein
>12 UND <=44	Wert muss zwischen 12 und 44 liegen, die obere Grenze mit eingeschlossen
>Datum	Datum muss mindestens einen Tag nach dem aktuellen Tagesdatum liegen
>=Datum()-Tag(Datum())+1	Datum muss nach dem 1. des laufenden Monats liegen oder diesem gleich sein
>=DatSeriell(Jahr(Datum());1;1) Und <DatSeriell(Jahr(Datum()+1);1;1)	Datum muss ein Wert des aktuellen Jahres sein
Wie "M*"	Der Text muss mit einem M beginnen. Art und Menge der folgenden Zeichen sind beliebig
In("Jan";"Feb")	Erlaubt nur die Eingabe des in Anführungszeichen stehenden Textes (hier: ‚Jan' und ‚Feb')

Kleiner Exkurs am Rande:

Man kann Ausdrücke per Hand eingeben, aber auch mit Hilfe des so genannten Ausdrucks-Generators . Klickt man in die Feldeigenschaft **Gültigkeitsregel** kann man über den auf der rechten Seite erscheinenden Knopf den Ausdrucks-Generator öffnen.

Knopf für Ausdrucks-Generator. Nun erscheint folgendes Fenster:

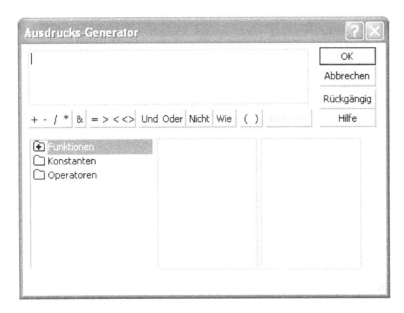

Der Ausdrucks-Generator kann immer dann geöffnet werden, wenn **Access** das Erstellen von Ausdrücken ermöglicht. Bei kurzen Ausdrücken, wie zum Beispiel =Datum(), welcher in jedes Feld das aktuelle Datum einfügt, wird man den Generator nicht brauchen. Werden die Ausdrücke jedoch länger, wie in der vorherigen Tabelle zu sehen, kann er eine große Hilfe sein. Zu den Ausdrücken wird in späteren Kapiteln noch genauer drauf eingegangen.

Nun weiter bei den Feldeigenschaften.

Eine **Gültigkeitsmeldung** ist wichtig, um bei einer Falscheingabe zu erfahren, was denn falsch war bei der Eingabe. Besonders wenn noch andere mit der Datenbank arbeiten, ist diese Meldung unerlässlich. Den Text, den man in der Fehlermeldung sehen will, gibt man ohne Anführungszeichen in die Zeile ein.

Eingabe erforderlich bestimmt, wie es schon sagt, ob man eine Eingabe machen muss oder nicht. Im Fachjargon spricht man dann vom Zulassen von Nullwerten (Eingabe erforderlich =Nein) oder nicht (Eingabe erforderlich =Ja).

Leere Zeichenfolge bestimmt, ob eine leere Zeichenfolge (doppelte Anführungszeichen hintereinander: **""**) erlaubt sein soll oder nicht.

Von „leerer Zeichenfolge" sind „Nullwerte" zu unterscheiden. Mit Nullwert ist gemeint, dass das Feld komplett leer gelassen wird.

Mit der Kombination der beiden Feldeigenschaften „Leere Zeichenfolge" und „Eingabe erforderlich" kann man unterschiedliche Eingabevorgaben erwirken. Ein Beispiel: Wenn man sowohl Nullwerte wie auch leere Zeichenfolge zulässt (Eingabe erforderlich = Nein, leere Zeichenfolge = Ja), kann man zwischen zwei leeren Werten unterscheiden. Dies kann beispielsweise sinnvoll sein, um zwischen unbekannten Werten und (noch) nicht verfügbaren Werten zu unterscheiden.

Andrerseits ist es im Feld Matrikelnummer sinnig, durch *Eingabe erforderlich = Ja* die Eingabe zu erzwingen. Nur so kann jeder Student eindeutig identifiziert werden.

Indiziert gibt an, ob in dem Feld ein Index gesetzt worden ist oder nicht *(siehe Kapitel 1.6 Indizes)* . Der im Dropdownfenster erscheinende Befehle „ *Ja (ohne Duplikate)*" verhindert doppelte Werte, der Befehl „ *Ja (mit Duplikate)*" erlaubt eine Eingabe desselben Wertes in diesem Feld

---

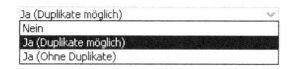

Indiziert   Ja (Duplikate möglich)
Smarttags

Nein
Ja (Duplikate möglich)
Ja (Ohne Duplikate)

Die restlichen Feldeigenschaften sind bei einer Programmierung wichtig, was in diesem Kurs nicht interessiert.

Die Feldeigenschaften, die bei **Zahlenfeldern** abweichen sind folgende:

Bei einem Zahlenfeld gibt es die in der folgenden Abbildung aufgelisteten *Feldgrößen* (die erscheinen automatisch in einem Dropdownfenster, wenn man den Cursor in der Spalte Feldgröße stehen hat):

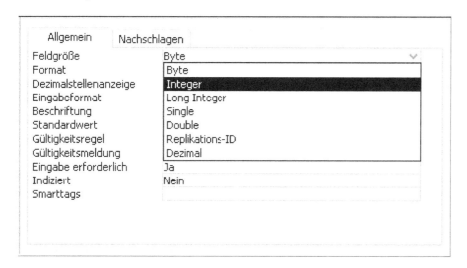

Diese Größen haben folgende Bedeutungen:

Feldgröße	Zahlenbereich	Dezimal-stellen	Speicherplatz
Byte	0 bis 255	keine	1 Byte
Integer	-32 768 bis 32 767	keine	2 Byte
Long Integer	-2 147 483 648 bis 2 147 483 647	keine	4 Byte
Single	-3,402823E38 bis -1,401298E-45 für negative Werte; 1,401298E-45 bis 3,402823E38 für positive Werte	7	4 Byte
Double	-1,79769313486232E308 bis -4,94065645841247E-324 für negative Werte; 4,94065645841247E-324 bis 1,79769313486232E308 für positive Werte	15	8 Byte

Integer bedeutet Ganzzahligkeit, also sind keine Dezimalstellen erlaubt.

Auch für das Zahlenfeld gibt es *Formate* , die man aus einem Dropdownfenster (siehe unten) auswählen kann.

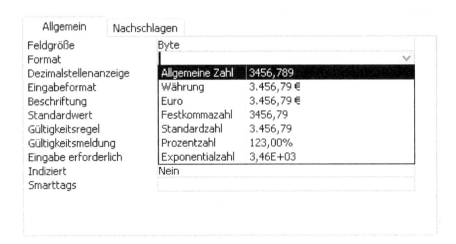

Format bei Zahlenfeldern

5.2 Ungarische Notation

Bevor man dann wirklich zur Tat schreitet, noch eine wichtige Regel, an die man sich auch halten sollte.

Um innerhalb einer Datenbank die unterschiedlichen Objekte als Tabelle, Abfrage oder Bericht identifizieren zu können, gibt es Typkürzel, die an den Anfang des Objektnamens gesetzt werden. Das ist in Datenbanken Standard, so dass jeder Fremde, der mit einer Datenbank zu tun bekommt, gleich erkennen kann, hinter welcher Datei sich welches Objekt verbirgt. Diese Typkürzel werden „Ungarische Notation" genannt, einfach deswegen, weil der Erfinder aus Ungarn stammt. Nur Folgende Typkürzel sind in diesem Skript allerdings wichtig:

Objekttyp	Präfix
Tabelle	tbl
Abfrage (Query)	qry
Bericht (Report)	rpt
Formular (Form)	frm

Googelt man im Internet, findet man weitere Informationen dazu.

Wenn man ganz genau arbeiten möchte, sollte man auch die Feldnamen mit den richtigen Präfixen versehen. Dann kann man schon am Feldnamen erkennen, um welchen Felddatentyp es sich handelt. Folgende Abkürzungen sind hier wichtig:

Felddatentyp	Präfix

Text		txt
Datum/Uhrzeit		dat
Ja/Nein		bool
Währung		cur (currency)
Zahlentyp	Integer	int
	Long Integer	lng
	Single	sng
	Double	dbl
	Byte	byte

Primärschlüssel werden in diesem Skript immer mit „ID" als Präfix versehen. Umlaute und Leertasten sollte man generell vermeiden, damit es keine Probleme mit anderen Systemen gibt.

5.3   Eingabe von Feldnamen und ihren Eigenschaften

Die Zuordnung unserer Spaltenüberschriften aus dem ersten Kapitel wollen wir mit einer Übung einmal durchexerzieren.

Übung

Öffnen Sie über den Button ⌐Neu̲ der sich in der Menüleiste des Containers befindet, die Entwurfsansicht. Wenn sie schon eine geöffnet haben, umso besser.

Wir haben die Entwurfsansicht einer neuen Tabelle vor uns. Der Cursor blinkt in der ersten Zeile der Spalte *Feldname* .

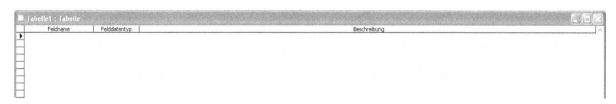

Tabelle 1 in der Entwurfsansicht

Wir geben den ersten Feldnamen (Spaltenüberschrift) unserer Tabelle ein:

ID-matrikel

Sobald Sie das fertig eingegeben haben und auf die TAB-TASTE drücken, springt der Cursor in die Spalte *Felddatentyp,* TEXT wird automatisch eingeblendet, und Sie sehen, dass im unteren Bereich die jeweiligen Feldeigenschaften erscheinen.

Feldeigenschaften nach Eingabe des Feldnamens

In die Spalte *Felddatentyp* wird nichts anderes eingetragen als der Felddatentyp. Die Bestimmung dieser verschieben wir auf Punkt 9.

Als Beschreibung geben wir folgendes ein: *automatische Nummerierung der Studenten.* In Punkt 9 wird klar warum.

Wenn Sie jetzt auf die TAB - TASTE oder die ENTER/RETURN-TASTE drücken, springt der Pfeil ganz vorne vor die Datenbeschreibung eine Zeile tiefer und Sie können die nächste Feldbeschreibung eingeben. Natürlich können Sie jederzeit in den alten Beschreibungen Änderungen vornehmen, indem Sie mit der Maus an die gewünschte Stelle klicken und dort - wie bei einer Textverarbeitung - löschen, einfügen und korrigieren.

Füllen Sie die nächsten Feldbeschreibungen mit den folgenden Daten selber aus. In welcher Reihenfolge Sie das machen, ist beliebig:

Feldname	Felddatentyp		Beschreibung
Matrikelnummer	Zahl	automatische Nummerierung der Studenten	
Strasse	Text	Strasse in der Student wohnt	
Hausnummer	Zahl	Hausnummer des Hauses in der Student wohnt	
Postleitzahl	Zahl	Postleitzahl des Ortes in dem Student wohnt	
Wohnort	Text	Wohnort in dem Student wohnt	
Geburtsdatum	Zahl	Geburtstag des Studenten	

tbl_studenten_persoenliche_daten : Tabelle

Feldnamen der Tabelle: tbl_studenten_persoenliche_daten

Wenn Sie diese Eintragungen so weit fertig haben, sollten Sie die Tabelle unbedingt einmal speichern. Am einfachsten geht das über den Befehl *Speichern* aus dem Menübefehl **DATEI.** Oder Sie drücken die Tastenkombination UMSCHALTEN+F12. Geben Sie als Dateinamen „tbl_studenten_persoenliche_daten" ein.

Als nächstes werden wir einen Primärschlüssel vergeben. Dafür kommt nur die Spalte Matrikelnummer in Frage. Gehen Sie dazu in die Zeile Matrikelnummer und drücken Sie auf den kleinen Schlüssel in der Symbolleiste. Danach sollte das Feld ‚Matrikelnummer' mit einem kleinen Schlüssel gekennzeichnet sein.

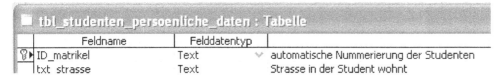

tbl_studenten_persoenliche_daten : Tabelle

	Feldname	Felddatentyp	
🔑	ID_matrikel	Text	automatische Nummerierung der Studenten
	txt_strasse	Text	Strasse in der Student wohnt

Nun wollen wir uns den Felddatentypen zuwenden. Welcher Datentyp soll den Matrikelnummern zugewiesen werden? Eigentlich eindeutig: **Access** soll automatisch weiterzählen, sobald ein neuer Datensatz eingegeben wird, womit gleichzeitig die Studenten durchnummeriert werden. Das kann nur der Datentyp „Auto-Wert". Wir wählen also aus dem Dropdownfenster, in dem alle

Felddatentypen aufgelistet sind, den Typ „Auto-Wert". „Auto-Wert" hat die Eigenschaft, dass der Wert nur einmal vergeben werden kann. Exmatrikuliert sich ein Student bleibt seine Matrikelnummer gesperrt.

Welche Felddatentypen die weiteren Felder bekommen sollen und warum, können sie der folgenden Tabelle entnehmen. Die Begründungen sind in der folgenden Tabelle aufgeführt.

Feldname	Felddatentyp	Begründung
txt_strasse	Text	Straßennamen bestehen nun mal aus Text.
txt_hausnummer	Text	Es ist zwar eine Zahl, aber man muss bestimmt nicht mit ihnen rechnen, und manchmal muss man Buchstaben eingeben, wie 2 B.
txt_postleitzahl	Text	Mit der PLZ muss man auch nicht rechnen.
txt_wohnort	Text	Ort = Text.
dat_geburtsdatum	Datum/Uhrzeit	Das Geburtsdatum ist immer ein Datum...
txt_status	Text	Der Status besteht aus Buchstaben.
byte_groesse	Zahl	Nähere Eigenschaften werden über die Feldeigenschaft bestimmt.
txt_geschlecht	Text	Es soll zwischen „männlich" und „weiblich" ausgewählt werden können.
bool_studiengebuehren	Ja/Nein	In das Feld soll ein Häkchen gesetzt werden können, was bedeutet dass der Student Gebühren zahlen muss.

Nun bestimmen wir die Eigenschaften der Felder genauer. Wie? Über die *Feldeigenschaften* .

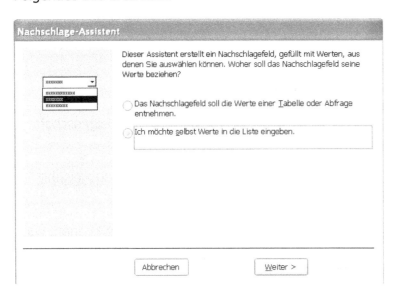

5.4 Bestimmung und Eingabe der Feldeigenschaften

Übung:

Überlegen Sie, welche Feldeigenschaften angegeben werden müssen, wenn

- Im Feld Auto-Wert die Eingabe einer 7-stelligen Zahl zwingend sein soll, und die Stellen, die der Zähler nicht braucht mit einer 0 versehen werden. Außerdem sollen keine doppelten Werte, also zweimal dieselbe Matrikelnummer, vergeben werden dürfen. Das Ergebnis in der Tabelle könnte dann so aussehen: 0000001

- Im Feld *Strasse* ausreichend Speicherplatz zur Verfügung steht.

- Im Feld *Hausnummer* höchstens 4 Zeichen eingegeben werden dürfen.

- Im Feld *Postleitzahl* nur Zahlen, die aus nicht mehr und nicht weniger als 5 Zeichen bestehen, eingegeben werden können.

- Im Feld *Wohnort* die eingegebenen Zeichen automatisch in Großbuchstaben umgewandelt werden.

- Im Feld *Geburtsdatum* das passende Format schon vorgegeben wird.

- Im Feld *Körpergröße* , nicht mehr als 3 Zahlen eingegeben werden und automatisch das Maß „cm" bei Eingabe des Wertes hinzugefügt wird.

- Im Feld *Geschlecht* man zwischen „männlich" und „weiblich" aus einem Dropdownfenster auswählen kann.

Hier kann man den Nachschlage-Assistenten benutzen, über den man solch ein Feld erstellen kann. Man aktiviert ihn, indem man ihn unter **Felddatentyp** aus dem Dropdownfenster auswählt.

Folgendes Bild erscheint:

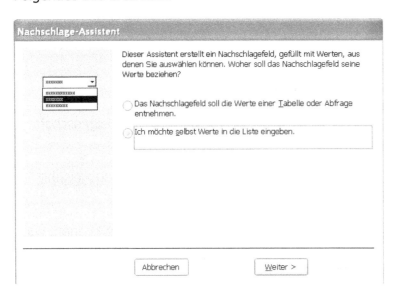

Drückt man auf [Weiter >] bekommt man weitere Anweisungen zur Erstellung eines Dropdownfensters.

Im Feld Status nur die Zeichen oS für „ordentlicher Studierender", ZH für „Zweithörer" und GH für „Gasthörer" erlaubt ist.

Lösung, die sie sich aber erst nach ihrer Übung anschauen sollten:

Feld	Feldeigenschaften
ID_matrikel	Allgemein / Nachschlagen Feldgröße — Long Integer Neue Werte — Inkrement Format — 0000000 Beschriftung — Matrikelnummer Indiziert — Ja (Ohne Duplikate) Smarttags
txt_strasse	
txt_hausnummer	Allgemein / Nachschlagen Feldgröße — 4 Format Eingabeformat Beschriftung — Hausnummer Standardwert Gültigkeitsregel Gültigkeitsmeldung Eingabe erforderlich — Nein Leere Zeichenfolge — Ja Indiziert — Nein Unicode-Kompression — Ja IME-Modus — Keine Kontrolle IME-Satzmodus — Keine Smarttags

txt_postleitzahl

Allgemein	Nachschlagen
Feldgröße	5
Format	
Eingabeformat	
Beschriftung	Postleitzahl
Standardwert	
Gültigkeitsregel	Wie "#####"
Gültigkeitsmeldung	Postleitzahlen bestehen immer aus Zahlen und aus
Eingabe erforderlich	Nein
Leere Zeichenfolge	Ja
Indiziert	Nein
Unicode-Kompression	Nein
IME-Modus	Keine Kontrolle
IME-Satzmodus	Keine
Smarttags	

txt_wohnort

Allgemein	Nachschlagen
Feldgröße	50
Format	>
Eingabeformat	
Beschriftung	Wohnort
Standardwert	
Gültigkeitsregel	
Gültigkeitsmeldung	
Eingabe erforderlich	Nein
Leere Zeichenfolge	Ja
Indiziert	Nein
Unicode-Kompression	Ja
IME-Modus	Keine Kontrolle
IME-Satzmodus	Keine
Smarttags	

date_geburtsdatum

Allgemein	Nachschlagen
Format	
Eingabeformat	99.99.0000;0;_
Beschriftung	Geburtsdatum
Standardwert	
Gültigkeitsregel	
Gültigkeitsmeldung	
Eingabe erforderlich	Nein
Indiziert	Nein
IME-Modus	Keine Kontrolle
IME-Satzmodus	Keine
Smarttags	

byte_groesse

Allgemein	Nachschlagen

Feldgröße	Byte
Format	000" cm"
Dezimalstellenanzeige	0
Eingabeformat	
Beschriftung	Koerpergroesse
Standardwert	
Gültigkeitsregel	
Gültigkeitsmeldung	
Eingabe erforderlich	Nein
Indiziert	Nein
Smarttags	

txt_geschlecht

Allgemein	Nachschlagen

Feldgröße	8
Format	
Eingabeformat	
Beschriftung	Geschlecht
Standardwert	
Gültigkeitsregel	
Gültigkeitsmeldung	
Eingabe erforderlich	Nein
Leere Zeichenfolge	Ja
Indiziert	Nein
Unicode-Kompression	Ja
IME-Modus	Keine Kontrolle
IME-Satzmodus	Keine
Smarttags	

txt_status

Allgemein	Nachschlagen

Feldgröße	2
Format	
Eingabeformat	
Beschriftung	Status
Standardwert	
Gültigkeitsregel	In ("oS";"ZH";"GH")
Gültigkeitsmeldung	Hier dürfen nur folgende Abkürzungen eingegeber
Eingabe erforderlich	Nein
Leere Zeichenfolge	Ja
Indiziert	Nein
Unicode-Kompression	Ja
IME-Modus	Keine Kontrolle
IME-Satzmodus	Keine
Smarttags	

bool_studiengebuehren

Allgemein	Nachschlagen

Format	Ja/Nein
Beschriftung	Studiengebuehren
Standardwert	
Gültigkeitsregel	
Gültigkeitsmeldung	
Eingabe erforderlich	Nein
Indiziert	Nein

Die übrigen Werte brauchen Sie nicht zu verändern, da dort **Access** die Standardeigenschaften verwenden darf. Jetzt speichern wir unsere fertige Datenstrukturtabelle entweder mit UMSCHALTEN + F12 oder mit **DATEI *Speichern*** .

Klicken Sie in die verschiedenen Felder entsprechende Datensätze ein bzw. auch mal ein Datensatz, der nicht den Feldeigenschaften entspricht. Sie werden merken, dass bei der einen und anderen Eingabe Fehlermeldungen erscheinen, die sie auf die falsche Dateneingabe hinweisen.

5.4.1 Eingabe von Daten

Übung

1. Als nächstes geben Sie bitte die folgenden Daten über die Studenten in Ihre Tabelle ein. Wie Sie an die Tabelle kommen? Ganz einfach! Klicken Sie oben links auf das Symbol für

   Tabelle. Der kleine Pfeil daneben öffnet mal wieder ein Dropdownfenster, aus dem man zwischen Entwurfs- und Datenblattansicht auswählen kann. Zwischen diesen beiden Ansichten müssen Sie häufig wechseln, da es auch bei den anderen Teilen (Formular, Bericht) von *Access* diese Trennung in Entwurf und Ergebnis gibt.

tbl_studenten_persoenliche_daten : Tabelle

Matrikelnummer	Straße	Hausnummer	Postleitzahl	Wohnort	Geburtsdatum	Koerpergroesse	Geschlecht	Status	Studiengebuehren
0000001	Kontzestr.	14	22233	DORTMUND	13.04.2004	123 cm	weiblich	oS	☑
0000002	Singenstr.	123	34565	DORTMUND	12.03.1900	145 cm	männlich	ZH	☑
0000003	Turnstr.	45	85904	MÜNCHEN	13.02.1749	178 cm	weiblich	GH	☐
0000004	Hippenstr.	90	29485	BREMEN	12.09.1790	145 cm	männlich	GH	☐
0000005	Teufelsstr.	333	98456	BERLIN	13.04.1979	167 cm	männlich	oS	☑
0000006	Gebäudestr.	3	04895	BOCHUM	19.06.1980	123 cm	weiblich	oS	☐
0000007	Schnickstr.	59	83643	FREIBURG	12.03.1970	167 cm	weiblich	GH	☑
(AutoWert)									☐

2. Dort wo Sie die Tabelle nicht genau lesen können, erfinden Sie sich einfach eigene Daten. Ansonsten können Sie bei der Eingabe alle Hilfsmittel, die Sie von der Textverarbeitung kennen, benutzen (Löschen, Einfügen, Umstellen ect.) Zum Schluss müssen Sie natürlich wieder speichern.

3. Versuchen Sie bei der Eingabe einmal, gegen die Gültigkeitsregeln zu verstoßen, damit Sie sehen ob es klappt und das Programm auch die richtige Fehlermeldung ausgibt.

4. Achten Sie am Rande auch einmal darauf, dass *Access* in der allerersten Spalte der Tabelle seine Symbole wechselt. Sobald Sie anfangen zu schreiben, wird aus dem Sternchen ein kleiner Bleistift. Sobald Sie fertig sind und der Datensatz gespeichert ist, erscheint vor dem aktuellen Datensatz ein Dreieck.

5. An dieser Stelle zwei **kleine Tricks,** die die Eingabe eventuell erleichtern: **Zum einen** kann man sich wiederholende Einträge aus der vorigen Zeile übernehmen, indem man STRG + Apostroph drückt. Aus der darüber liegenden Zeile wird dann der Zellinhalt einfach kopiert. **Zum anderen** können Sie sich jede Zelle, in die Sie irgend etwas eintragen möchten, vergrößern, indem Sie UMSCHALTEN + F2 drücken. Diese ZOOM-Funktion sollten Sie unbedingt einmal ausprobieren.

5.4.2 Ändern der Datenstruktur

Nicht immer kann man alle Eventualitäten der Datenstruktur schon auf einem Blatt Papier im Vorhinein abschätzen. Deshalb ist es wichtig, dass man auch später noch die Tabellen verändern kann. **Aber Vorsicht!** Bei dieser Art der Manipulation können immer auch Daten verloren gehen.

Um ein **neues Feld** der Tabelle hinzuzufügen, müssen Sie in der Entwurfsansicht die Zeile markieren, die sich unterhalb der *neuen* Zeile befindet. Nun wählen Sie den Befehl **Einfügen** " *Zeilen* . In dieser neuen Zeile können Sie dann ganz normal wieder ein Feld definieren. Um ein Feld (und damit auch alle Daten, die in der Spalte stehen!!!) zu löschen, markieren Sie dieses und wählen **BEARBEITEN** " *Zeilen löschen* oder drücken einfach **ENTF.** Um wirklich sicher zu gehen, ob man den Datensatz *für immer* löschen will, fragt *Access* noch einmal nach. Die Meldung sieht dann folgendermaßen aus:

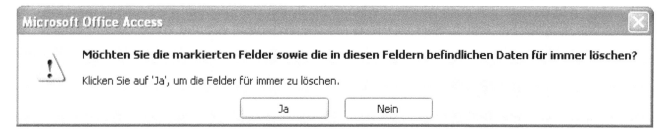

Übung

1. Erstellen Sie unterhalb der Zeile **byte_groesse** ein neues Feld **txt_augenfarbe** (oder irgendein anderes). Darunter noch eines für z.B. Haarfarbe. Die Feldgröße soll jeweils 30 betragen.

2. Schalten Sie zurück in die Tabellenansicht. *Access* merkt sofort, dass sich etwas geändert hat und fordert Sie zum Speichern auf. Das machen sie dann auch.

3. Jetzt können Sie hier eben Augen- und Haarfarbe der Studenten eintragen. Müssen sie aber nicht, da wir die Spalten gleich wieder löschen.

4. Löschen sie die beiden Zeilen wieder. Dazu müssen Sie sie in der Entwurfsansicht vorher markieren, was dann so aussieht, wie unten zu sehen. Auch um ein Feld innerhalb der Tabelle an eine **andere Spaltenposition** zu schieben, muss man sie vorher markiert haben, so dass sie komplett schwarz unterlegt ist.

Danach packt man mit gedrückter linker Maustaste ganz vorne den Pfeil ◼️▶️und schiebt die ganze Zeile an die gewünschte Stelle.

Übung

Versuchen Sie das Feld **Geburtsdatum** hinter **Körpergröße** zu platzieren, und wieder zurück.

5.4.3 Bewegen in den Tabellen (Navigationssymbole und Tastaturbelegung)

Damit Sie bei großen Datenblättern nicht mit dem Cursor oder Rollbalken als einzige Anspringmöglichkeit bestimmter Datensätze dastehen, gibt es ein paar Navigationssymbole am unteren linken Rand der Tabelle, die Ihnen dabei unter die Arme greifen.

Navigationssymbol	Wirkung
⏮️	Springt zum ersten Datensatz
⏭️	Springt zum letzten Datensatz
◀️	Springt eine Zeile höher
▶️	Springt eine Zeile tiefer
12	Springt an den Datensatz, dessen Nummer man in das Kästchen schreibt

Außerdem gibt es natürlich auch wieder die Möglichkeit, mit der Tastatur die Sache in den Griff zu bekommen. Für alle Schnellschreiber ist das sicher die elegantere Art und Weise, sich in einer Tabelle fortzubewegen:

Tasten	Wirkung
TAB-Taste	Springt eine Zelle weiter
Umschalten + Tab	Springt eine Zelle zurück
Pos1	Springt auf die erste Zelle der aktuellen Zeile
Ende	Springt auf die letzte Zelle der aktuellen Zeile
Strg + Pos 1	Springt auf die erste Zelle der ersten Zeile
Strg + Ende	Springt auf die letzte Zelle der letzten Zeile
Strg + **+**	Aktiviert die erste Zelle des leeren Datensatzes, den *Access* automatisch anzeigt
Umsschalten + F2	Öffnet das Zoom-Fenster

Probieren Sie es einfach einmal aus. Was? Funktioniert nicht? Ja, das kann sein. Man muss nämlich wissen, dass diese Tastenkombinationen nur funktionieren, wenn *Access* sich im **Überschreibmodus** befindet. Wenn es also nicht klappt, dann drücken Sie einfach **F2** und probieren die Übung noch einmal.

5.4.4 Datensätze in der Tabellenansicht suchen

Eigentlich ist die Tabellenansicht diejenige Aufbereitungsform der Daten, die der normale Anwender am häufigsten benutzt, obwohl das Handbuch von *Access* vorschlägt, sich mehr auf die Formulare (siehe nächstes Kapitel) zu stürzen. Eigentlich haben die Autoren recht, da man dort alles viel komfortabler einrichten kann. Aber manchmal ist der Mensch auch ein Gewohnheitstier. Deshalb kann man in der Tabellenansicht auch Datensätze suchen lassen. Entweder benutzt man den Befehl **Bearbeiten** *Suchen* oder dieses nette kleine Fernglas in der Symbolleiste:

Voraussetzung ist, dass man die Spalte, die den Suchbegriff enthält, markiert hat. Es reicht, wenn der Cursor dort irgendwo blinkt. Ansonsten kann man *Access* auch alle Felder durchsuchen lassen, aber das dauert entsprechend länger. Es öffnet sich ein Fenster, in das man sein gesammeltes Wissen eintragen kann:

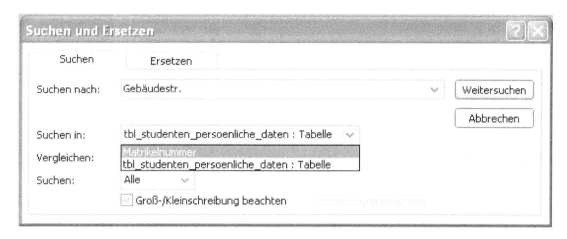

Hier wurde der Cursor in die Spalte Matrikelnummer gesetzt. Allerdings ist jetzt schon klar, dass das Suchergebnis negativ ausfallen wird, weil man eine Straße nie in der Spalte für die Matrikelnummer finden wird.

Um **Access** in der ganzen Tabelle suchen zu lassen, muss man in dem zu sehenden Dropdownfenster *tbl:studenten_persoenliche_daten* auswählen, also die komplette Tabelle und nicht nur eine Spalte. Wenn man weiß, in welcher Spalte der gesuchte Begriff vorkommt, setzt man den Cursor in die zu durchsuchende Spalte.

Drückt man auf *Weitersuchen* springt **Access** dann zu dem ersten gefundenen Begriff und unterlegt ihn. Wenn damit der Datensatz gefunden wurde, klickt man auf **Schließen** , ansonsten auf **Weitersuchen** .

Übung

1. Probieren Sie das einmal aus, in dem Sie nach der Gebäudestr. suchen lassen.

Es gibt noch eine erweiterte Suchfunktion, die praktisch ist, wenn man nicht den kompletten Suchbegriff weiß, sondern nur einen Teil. Aus dem Dropdownfenster, welches sich in der Spalte *Vergleichen* öffnet, kann man *Teil des Feldinhaltes, Ganzes Feld* oder *Anfang des Feldinhaltes* auswählen, worüber man bestimmt welcher Teil eines Feldes nach dem eingegebenen Wort oder auch Wortteil durchsucht werden soll.

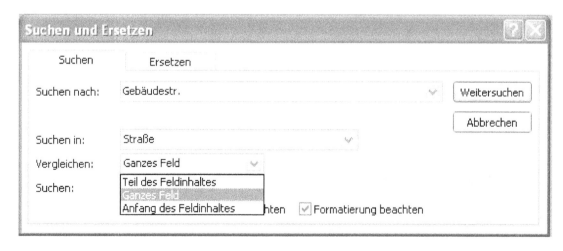

Gibt man das Wortteil ‚berg' ein, findet **Access** bei

*   *Teil des Feldinhalts* sowohl Heidelberg, als auch Bergen

*   *Anfang des Feldinhaltes* nur Bergen.

Gibt man das Wort ‚London' ein und wählt

- *Ganzes Feld* , findet **Access** nur ‚London' und nicht Londonderry'

5.5 Tabellen verknüpfen

Wie schon mehrfach erwähnt wurde: Um Informationen aus mehreren Tabellen mischen zu können, muss man diese verknüpfen. Der Befehl, der dafür zuständig ist, findet man unter **Extras/** *Beziehungen* .

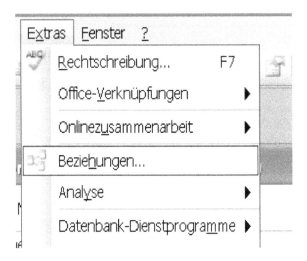

Der sich öffnende Container erlaubt es, alle erstellten Tabellen dort einzufügen.

Im Endeffekt sieht das dann so aus:

Der Rest ist einfach. Die mit einem Primärschlüssel versehenen Spalten erkennt man sofort, weil diese fett sind. Nun packt man einfach mit gedrückter linker Maustaste den Primärschlüssel der einen Tabelle und zieht ihn auf den Fremdschlüssel der zu verknüpfenden Tabelle. Damit diese Verknüpfung von **Access** akzeptiert wird, muss man darauf achten, dass die beiden Felder vom gleichen Typ sind, also *Text* oder Zahl oder *Datum.* Ist der Primärschlüssel in der *Mastertabelle* **Autowert** - zählt also automatisch hoch -, dann muss das verbundene Feld in der so genannten *Detailtabelle* vom Typ **Zahl /Long Integer** sein. Die Spaltennamen (int_bandnummer) selber müssen allerdings nicht identisch sein, wie in unserem Fall. Nach dem Loslassen der linken Maustaste revanchiert sich **Access** mit folgender Nachfrage:

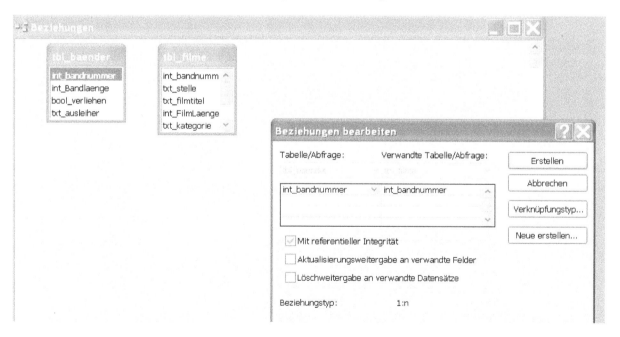

Im oberen Teil zeigt das Programm die Spalten der Tabellen, die man verknüpfen möchte. Darunter sollte man unbedingt „Mit referentieller Integrität" ankreuzen. Nur so überprüft **Access** die Konsistenz und Logik der Daten. (Siehe auch Seite 10). Ob man nun möchte, dass Änderungen in der Mastertabelle ganz verboten werden oder an die Detailtabelle weitergereicht werden, hängt von der Logik der Anwendung ab. Bei einer Videothek ist die Löschweitergabe sicher berechtigt, da bei Verlust eines Bandes auch die Filme, die darauf sind, verschwunden sind. Geht es allerdings um das Ausscheiden eines Studenten aus der Uni, ist das nicht so günstig, da seine Daten ja eventuell später noch gebraucht werden.

Hinter dem ersten Befehl **_Verknüpfungstyp_** verbirgt sich folgendes Fenster:

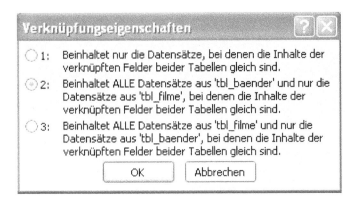

Was die einzelnen Eigenschaften (1,2,3) bewirken, ist dort erklärt, wobei *Felder mit gleichen Inhalten* nichts anderes meint, als dass sie Daten enthalten, also nicht leer sind.

6 Eine Datenbank aufbauen

Die Schwierigkeit bei einer Datenbank ist, dass man im Vorfeld alles bedenken sollte, das für die Datenbank wichtig ist. Am besten macht man sich eine Skizze mit allen benötigten Tabellen, Formularen, Abfragen und Berichten.

6.1 Beispiel: Bücherverwaltung

tbl Bücher	Felddatentyp
Büchernummer (Primärschlüssel)	AutoWert
Autor	Text
Titel	Text
Verlag	Text
Preis	Währung
Beurteilung	Zahl (Byte)
Kategorie	Nachschlagefeld
Taschenbuch	Ja/Nein

tbl Kunden	Felddatentyp
Kundennummer (Primärschlüssel)	AutoWert
Anrede	Text
Vorname	Text
Name	Text
Straße	Text
PLZ	Text
Ort	Text

tbl Entleihliste	Felddatentyp
Entleihnummer	AutoWert
Kunde	Nachschlagefeld
Buch	Nachschlagefeld
Entleihdatum	Datum
Rückgabedatum	Datum

tbl Kategorien	Felddatentyp
Kategoriennr	AutoWert
Kategorie	Text

Im Beziehungsfenster der fertiggestellten Datenbanken lässt sich der Aufbau besser zeigen:

Die Tabellen erstellt man jeweils über die Tabellenfunktionalität:

- Objekt Tabellen

- Tabelle in der Entwurfsansicht erstellen

- Nun die Felder benennen, den Felddatentyp anwählen (zunächst meistens Text), rechts die Beschreibung für das Feld eingeben.

- Bei den Felder, die eine Beziehung zu anderen Tabellen haben, wählt man als Felddatentyp „Nachschlage-Assistent".

- Nun öffnet sich ein Assistent, mit dessen Hilfe man die gewünschte Tabelle verknüpfen kann -> Tabelle anklicken -> Weiter -> hier nun das gewünschte Feld aussuchen -> Weiter -> nun sieht man eine Vorschau auf das Feld -> Weiter -> Feldname eingeben -> Fertig stellen.

- Bei manchen Feldern muss der Felddatentyp auf Zahl, Datum oder Währung geändert werden (siehe Skizze oben). Zu den Kriterien der Felddatentypen siehe unten.

- Tabelle speichern

- Access fragt, ob ein Primärschlüssel hinzugefügt werden soll -> diese Frage immer mit „Ja" beantworten (denn ohne Primärschlüssel kann man keine Beziehungen definieren).

- Nun verlässt man die Entwurfsansicht und klickt links oben auf die Schaltfläche „Datenblattansicht".

- In der Datenblattansicht kann man nun die Daten eingeben bzw. prüfen, ob alle Felder wie gewünscht funktionieren.

Access hat überall dort, wo eine Beziehung zwischen Tabellen besteht, **Unterdatenblätter** eingefügt. Falls dies an einer gewünschten Stelle nicht eingefügt wurde, kann man über das Menü „Einfügen", Befehl „Unterdatenblatt" nun selbst ein Unterdatenblatt einfügen.

6.2 Reihenfolge der Datenbank-Erstellung

Wichtig – unbedingt beachten:

- zuerst die Tabellen erstellen und die Beziehungen zwischen den Tabellen festlegen

- erst wenn alle Tabellen fertig sind die Formulare erstellen

- zum Schluss die benötigten Abfragen und die Berichte erstellen

7 Daten eingeben und löschen

7.1 Dateneingabe

In eine schon programmierte Datenbank kann man sowohl in der Tabellen-Ansicht als auch in der Formular-Ansicht Daten eingeben.

Dazu geht man in der Tabellenansicht in die letzte Zeile und gibt die Daten ein. In der Formularansicht ruft man das Formular auf und klickt auf die Schaltfläche „Neuer Datensatz" (unten rechts). Mit der TAB-Taste kann man in dem Datensatz von Feld zu Feld springen.

Das Feld „AutoWert" kann nicht manuell verändert werden. Jeder Datensatz erhält eine eindeutige Nummerierung. Jede Nummer kann nur ein Mal vergeben werden. Wenn der Datensatz gelöscht wird, fehlt die Nummer in der Datentabelle.

Manche Felder sind Auswahlfelder, die durch Vorgaben entweder in der aktiven Tabelle oder durch eine Beziehung aus einer anderen Tabellen erzeugt werden.

7.2 Datensatz löschen

Menü Bearbeiten, Befehl Datensatz löschen

8   Filtern und Sortieren

8.1   Sortieren

Mann kann in der Ansicht Tabelle, Abfragen oder Formular sortieren.

Setzen Sie den Cursor zuerst in das Feld, über die Datensätze sortiert werden sollen. Dann wählen Sie über die Schaltfläche A-Z bzw. Z-A die Sortierreihenfolge aus.

Die Sortierungen sind in den Objekten voneinander unabhängig, d.h. wenn man im Formular-Objekt sortiert, dann wirkt sich diese Sortierung nicht auf das Tabellen-Objekt aus.

8.2   Filtern

Man kann in dem Tabellen-Objekt, in den Abfragen oder in den Formularen filtern.

Wir filtern meistens in den Formularen, da der Filter hier am übersichtlichsten anzuwenden ist.

Vorgehensweise:

- auf die Schaltfläche „Formularbasierter Filter" klicken (obere Symbolleiste, Schaltfläche mit Formular und Trichter)

- nun ist man in der Filteransicht, hier in das Feld klicken, nach dem gefiltert werden soll, und den Wert eingeben (z.B. Ort = Stuttgart) oder anklicken (Anrede = Frau)

- eine UND-Verbindung kann man erstellen, indem in ein zweites Feld geklickt wird und hier ebenfalls der gewünschte Wert angeklickt oder eingegeben wird

- eine ODER-Verbindung kann man erstellen, indem links unten auf die Schaltfläche Oder geklickt wird

- um die Datensätze anzuzeigen, die auf die Filterkriterien zutreffen, auf die Schaltfläche „Filter anwenden" (obere Symbolleiste, Schaltfläche mit Trichter) klicken

Der Filter wird beibehalten. Man kann unten in der Statuszeile an dem Zusatz (gefiltert) erkennen, dass die Datenbank gefiltert wurde.

Besondere Filter: Vergleich mit Operatoren

Operator	Bedeutung
<	kleiner
<=	kleiner gleich
>	größer
>=	größer gleich

<>	ungleich
=	gleich

Beispiel: Großraum Stuttgart über PLZ ausfiltern

dazu in der Abfrage beim „Formularbasiertem Filter" eingeben: >="70000" und <="71999"

8.3 Filter als Abfrage speichern

Am besten, man speichert die oft benötigten Filter als Abfragen.

Vorgehensweise:

- den Filter erstellen wie oben beschrieben

- in der Filteransicht klick auf die Schaltfläche „Abfrage speichern" klicken und dem Fitler einen Namen geben

Filter in der Formularansicht anwenden:

- auf die Schaltfläche „Formularbasiertem Filter" klicken

- links auf „Abfrage öffnen" klicken

- Abfrage auswählen

- OK

Abfrage als Tabelle anzeigen lassen:

- in die Abfrage-Objekte gehen

- auf die zuvor gespeicherte Abfrage doppelklicken

8.4 „Filtern nach"-Methode

Um nach nur einem oder wenigen Datensätzen zu filtern, kann man im Formular auch mit Hilfe der rechten Maustaste filtern.

Anwendungsbeispiel: Kunde ruft an und nennt seinen Nachnamen, wir wollen dazu den Datensatz im Formular aufrufen.

Vorgehensweise:

- ins Objekt Formular gehen, dort auf das Kontaktformular doppelklicken

- auf den Namen mit der rechten Maustaste klicken

- hier nun den Nachnamen eintragen (z.B. Demus)

- mit Enter oder Return bestätigen

- nun sehen wir im gefilterten Formular alle Datensätze, die als Nachnamen Demus haben

8.5 Spezialfilter in Abfragen

Man kann auch in Abfragen filtern. Dies ist nur dann notwendig, wenn besonders komplexe Filter oder Filter über mehrere Tabellen hinweg benötigt werden.

Wenn dies nicht der Fall ist, ist man besser beraten, über den formularbasierten Filter (siehe oben) zu filtern.

Beispiel: Wir wollen einen Filter erstellen, in dem die Tabellen Kontaktart und Kontaktpersonen verwendet wurden

Vorgehensweise:

- in das Objekt Abfragen gehen

- dort eine neue Abfrage in der Entwurfsansicht erstellen

- bei Tabellen sowohl die Tabelle Kontaktart als auch Kontaktpersonen hinzufügen, dann die Box schließen

- nun sind die Tabellen im oberen Bereich des Fensters zu sehen

- da die Felder aus den Kontaktpersonen verwendet werden sollen, nun auf das * (=Sternchen) bei Kontaktpersonen doppelklicken -> dann wird dieses Feld unten hinzugefügt

- nun die Felder durch Doppelklicken hinzufügen, nach denen gefiltert werden soll, z.B. Kontaktart und Bundesland

- nun müssen noch die Begriffe eingegeben werden, z.B. bei Kontaktart „Anbieter" und bei Bundesland „Hessen"

- wichtig: die Begriffe immer in Anführungszeichen schreiben

- Ergänzung: bei Vergleichen immer größer- oder kleiner-Zeichen benutzen (Erklärung siehe oben bei Filter)

- dann links oben auf die Schaltfläche „Datenblattansicht" klicken

- nun muss man die Abfrage noch speichern

Hier können auch besonders aufwändige Abfragen wie Aktualisierungsabfragen oder Löschabfragen erzeugt werden (siehe Menü Abfragen).

9 Abfragen

9.1 Trennen von Daten und Pflege der selben

Bevor man sich auf die weiteren Module des Datenmanagmentprogramms stürzt, eine
Vorbemerkung: Bevor man die erste Abfrage, den ersten Bericht oder das erste Formular bastelt,
sollte man eine neue Datei erstellen. Es ist in *Access* günstig, die Datenbank mit den
Tabellendaten zu trennen, von der Datenbankdatei, in der alles andere (Abfragen, Formulare,
Berichte) gepflegt werden. So hat man jederzeit Zugriff auf das System, ohne die Dateneingabe zu
stören. So schafft man es auch leicht, verschiedene Oberflächen und Abfragen für die
verschiedenen Mitarbeiter zu erstellen, die aber alle wieder auf den gleichen Datenbestand
zugreifen. Was ist dazu nötig?

Man erstellt eine neue leere Datenbank, die man *sys_* und dann den Namen der
Tabellendatenbank nennt. Also z. B. *sys_uni-verwaltung.mdb* . Dann weiß man später sofort,
welche Datenbanken zueinander gehören. In den nächsten Beispielen bezieht sich das Prinzip auf
eine Videofilmdatenbank. Entsprechend heißen die beiden Dateien *tab_videothek.mdb* und
sys_videothek.mdb . Hat man die leere Sys-Datei erstellt, wählt man den Befehl **Datei**
Externe Daten *Tabellen Verknüpfen* :

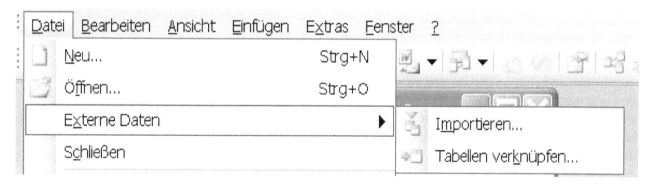

Dort öffnet sich dann ein normales Dateifenster, aus dem man sich die entsprechende Tab-Datei
heraussucht.

Und ein Doppelklick auf diese, zeigt die vorhandenen Tabellen an:

Access 2003 Grundlagen Seite 61

Mit dem Befehl **Alle Auswählen** und danach **Ok** wird die Verknüpfung zur Sys-Datei hergestellt. Man erkennt verknüpfte Tabelle an dem kleinen Pfeil, der vor dem Tabellennamen auftaucht.

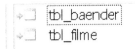

Alle Datensätze der Tabellen stehen einem nun zur Verfügung. Wenn man dort Daten einträgt, löscht oder ändert ist es so, als würde man dieses in der originalen Datenbank erledigen. Lediglich die Struktur der Daten kann man von hier nicht ändern, sondern dazu muss man tatsächlich die Tab-Tabelle selber öffnen.

Verschiebt man die Tab-Datei, dann muss man in der Sys-Datei **Access** erneut sagen, wo die verknüpften Tabellen liegen, und das auch, wenn beide Dateien im gleichen Verzeichnis bleiben. **Access** merkt sich nämlich leider den ganzen Pfad. Entweder löscht man schnell die Verknüpfung und fügt sie wieder neu ein, was ja kein großer Aufwand ist, oder man benutzt unter **Extras** den Befehl **Datenbank Dienstprogramme** und dort dann den *Tabellenverknüpfungsmanager*. Der erklärt sich von alleine. Und nun zurück zu den Abfragen:

9.2 Was leisten Abfragen?

Es ist bei der Einführung schon erwähnt worden, dass es Möglichkeiten der Datenaufbereitung gibt. Alles andere wäre auch langweilig. Das pure Sammeln von verschiedenen Informationen könnte man auch mit einer Textverarbeitung leisten. In **Access** heißt das dafür vorgesehene Werkzeug *Abfrage (query)* . Ihr Ergebnis, also die Antwort, nennt man *Dynaset* . Für Anwender anderer Datenbanken ist der Begriff *Sicht* bzw. *View* wahrscheinlich geläufiger. Nun, was geht dort alles?

- **Felder beschränken** , d. h. man trifft eine Auswahl der zu betrachtenden Spalten

- **Datensätze sortiert ausgeben lassen** , egal ob ab- oder aufsteigend

- **Datensätze beschränken** , d. h. man gibt Kriterien vor, welche Datensätze man sehen will, z. B. alle Krimis.

- **Daten aus mehreren Tabellen zusammenstellen** , d. h., dass man hier aus verschiedene Tabellen Felder in einer Abfrage vereinen kann, was ja ein Witz einer relationalen Datenbank ist.

- **Felder berechnen** , d. h. man kann in einer Abfrage neue Felder definieren, die durch eine Berechnung zustande kommen, z. B. *Bandlänge- Filmlänge = Restzeit* . In Tabellen hat man diese Möglichkeit nicht.

- **Datengrundlage für Formulare und Berichte und für andere Abfragen** , d. h. einmal erstellte Abfragen kann man behandeln wie normale Tabellen, für die man verschiedene Formulare und Berichte erstellen kann und die auch wieder als Grundlage für neue Abfragen dienen.

- **Neue Tabellen erstellen** , d. h., man kann die herausgefilterten Daten als eigenständige Tabelle speichern, die man dann in anderen Programmen benutzen kann. Wo braucht man so etwas? Richtig, bei Serienbriefen. Und das klappt wirklich recht flott.

9.3   Wie erstellt man eine Abfrage?

Das Erstellen selber ist recht einfach, weil voll automatisiert. Beliebig schwierig wird es erst, wenn die Selektions- und Verknüpfungsleistungen der Abfrage anspruchsvoller werden. D. h., das Grundwerkzeug ist schnell gelernt. Der Teufel steckt im Detail der konkreten Problemlösung. Aber was soll's!

9.3.1   Allgemeines

Es gibt mehrere Methoden eine Abfrage zu öffnen

1. Einmal kann man eine Abfrage über das Datenbankfenster, welches mit **F11** aus jeder *Access* -Lebenslage geöffnet werden kann, erstellen. Von diesem konnte man auch die Tabelle öffnen. Es läuft auch genauso ab, außer dass man in der linken Spalte nicht auf **Tabelle** , sondern auf **Abfrage** klickt, und dann in der oberen Leiste auf *Neu* :

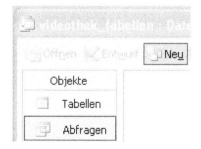

Erstellen einer Abfrage über das Datenbankfenster

2. Drücken Sie auf diesen ⊞▾ Knopf in der Buttonleiste von *Access* , und wählen sie aus dem sich öffnendem Dropdownfenster Abfrage aus. Wie man sehen wird, kann man aus diesem Fenster auch alle anderen *Access* -Objekte öffnen.

3. Man kann natürlich auch über die Menüleiste eine Abfrage öffnen:

Einfügen ◄──────► *Abfrage*

In allen drei Fällen öffnet sich das Fenster **Neue Abfrage** , was auch beim Öffnen einer Tabelle erschienen ist.

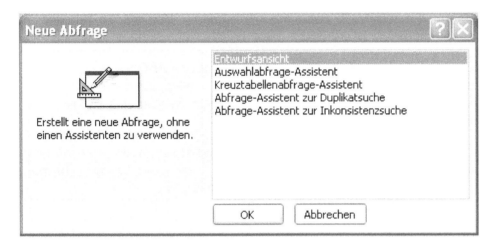

Fenster: Neue Abfrage

Wählt man nun die Entwurfsansicht, drückt man also auf **OK,** öffnet sich die *Entwurfsansicht* der Abfrage:

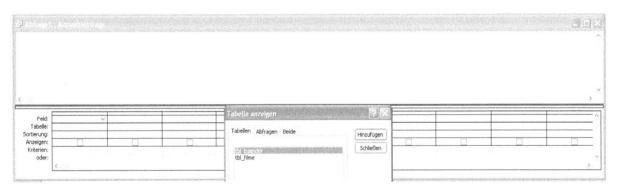

Eine leere Abfrage

Im Fenster **Tabelle anzeigen** sind alle Tabellen aufgelistet, von denen man eine Abfrage erstellen kann. In Fall der **video.mdb** sind es die **tbl_baender** und die **tbl_filme.**

Der obere Teil der Entwurfsansicht ist *Auswahlbereich* , aus dem man Tabellenspalten auswählt. Der unter Bereich ist der *Entwurfsbereich* .

Das Programm will eine oder mehrere Tabellen oder Abfragen als Grundlage für die neu zu erstellende Sicht. Mit ⌊Hinzufügen⌋ kann man ihm diesen Wunsch leicht erfüllen.

Danach kann man dann die gewünschten Felder auswählen und Kriterien bestimmen, nach denen diese selektiert werden sollen.

In einem letzten Schritt kann man sich die Ergebnisse - neudeutsch *Dynaset* - anschauen, indem man über diesen Button ▦ ▾ in die Tabellenansicht wechselt. Fertig!

Will man an den Kriterien der Abfrage etwas ändern, muss man wieder zurück in die Entwurfsansicht. Das Prinzip der Abfrage besteht darin, dass das Dynaset jedes mal bei Aufruf der Tabellenansicht neu erstellt wird. Deshalb kann man auch beliebig viele Abfragen basteln, ohne dass man Angst haben muss, dass die Festplatte irgendwann in die Knie geht. Speicherplatz wird nur für die Abfrage, nicht aber für die Daten gebraucht.

Außerdem kann man die Abfrage auch noch speichern, z. B. mit UMSCHALTEN + **F12** oder mit **Datei *Speichern***. Nach Vergabe eines gescheiten Namens, erscheint sie im Datenbankfenster unter den Abfragen und ist jederzeit wieder verwendbar, z. B. auch, um dafür ein Formular zu basteln (Kapitel 5.0)

9.3.2   Eine Abfrage und ihr Dynaset - Eine Frage und ihre Antwort

Eine Abfrage ist eine Frage, die der Benutzer über die Daten in seiner Datenbank stellt, wie z. B. "Welcher Regisseur hat den Film "Die Vögel" gedreht?". Die Daten, die Antwort auf diese Frage geben, stammen aus mehreren Tabellen. Eine Abfrage bringt die angeforderten Informationen zusammen.

Das Abfrageergebnis - die Gruppe von Datensätze, aus denen es besteht - wird Dynaset genannt.

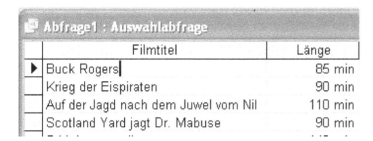

Dynaset (Abfrageergebnis)

9.3.3   Spezielles: Beispiele, Übungen und Tricks

9.3.3.1   Felder hinzufügen und entfernen

Es wurde schon gesagt, dass man nicht alle Spalten einer Tabelle ins Dynaset übernehmen muss, sondern selektieren kann. Voraussetzung dafür ist, dass im Auswahlbereich der Entwurfsansicht die Liste der Feldnamen einer oder mehrerer Tabellen zu sehen sind.

Feldnamenliste im Auswahlbereich

Falls das nicht der Fall ist, kann man über **Abfrage** *" Tabellen hinzufügen* den Mangel beheben. Danach kann man mit Doppelklick auf die gewünschten Feldnamen diese in die Entwurfsansicht einfügen.. Sie erscheinen dann unten in der Entwurfsansicht der Abfrage.

Um das Prinzip etwas zu vertiefen und ein paar Tricks unterzubringen, vollziehen Sie bitte folgende Übung nach.

Übung

1. Wechseln Sie, falls noch nicht geschehen, zum Datenbankfenster, z. B. mit F11 und erstellen sie eine neue Abfrage .

2. Die Nachfrage, mit welcher Tabelle Sie arbeiten wollen, beantworten Sie, indem Sie auf Filme und danach auf „Schließen" klicken. So ein Mist, das Programm hat es nicht verstanden. Die obere Hälfte bleibt leer! Was tun? Wir gehen einfach über den Menü-Befehl Abfrage " *Tabelle hinzufügen* und wählen noch einmal aus. Was haben wir gelernt? Ohne den Knopf Hinzufügen weigert sich **Access** , die Tabelle mit aufzunehmen. Noch einfacher ist übrigens ein Doppelklick auf den Tabellenamen.

3. Ziehen Sie mit der Maus oder durch Doppelklick die Feldnamen int_bandnummer, txt_filmtitel und txt_schauspieler nach unten in die Entwurfsansicht.

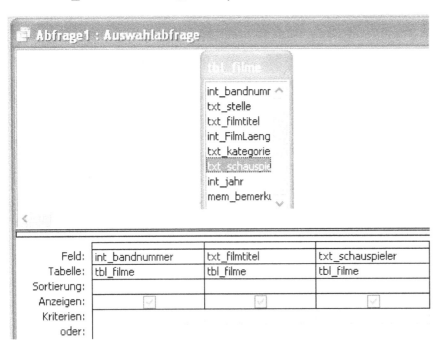

Die erste Abfrage

4. Starten Sie die Abfrage indem Sie auf ⬚ in der Symbolleiste klicken oder über Ansicht auf die Datenblattansicht wechseln. Sie können auch den Button für die Tabellenansicht benutzen, der ganz links sitzt. Als Ergebnis erhalten Sie Ihr erstes Dynaset.

5. Wechseln Sie zurück in die Entwurfsansicht durch Klicken auf ⬚ und fügen Sie die Filmlänge hinzu. Wieder mit ⬚ überprüfen.

---

6. Löschen Sie txt_schauspieler, indem Sie die Spalte markieren (oben auf die Kopfleiste drücken) und die ENTF-Taste drücken. Wieder mit ⬚ überprüfen.

7. Löschen Sie die restlichen Feldnamen wie in Punkt 6. Doppelklicken Sie im oberen Teil des Fensters auf die Kopfleiste Ihrer **tbl_filme** . Alle Feldnamen sollten danach markiert sein. Ziehen Sie mit der Maus den ganzen Sums nach unten. Ergebnis? **Alle Feldnamen** sind in die Abfrage übernommen worden.

8. Klicken Sie auf die Kopfzeile der Spalte int_jahr, so dass diese komplett markiert ist. Ziehen Sie die Spalte nach links. Mit dieser Methode können Sie Feldnamen einfach und schnell neu anordnen.

9.3.3.2 Datensätze sortieren

Um Datensätze zu sortieren, müssen Sie erst einmal bestimmen, welche Spalten Sie in die Abfrage übernehmen wollen. Nur über diese können Sie auch sortieren, logo! Wir werden unser fertiges Beispiel von der vorigen Übung nehmen.

EXKURS ZUM INDEX

Aber vorher noch ein Hinweis. Für das Ordnen der Datensätze sollten Sie für das Feld, **das das Kriterium abgibt** , einen Index setzen. Wir haben beim Herstellen der Tabellen bereits einen Primärschlüssel vergeben müssen, weil *Access* uns beim Speichern dazu gezwungen hat. Dieser Primärschlüssel war nichts anderes als ein Index mit besonderen Eigenschaften. Aber was soll das Ganze? Weil es so schön dort erklärt ist, möchte ich ausnahmsweise einmal in einem Skript zitieren (man muss ja nicht alles neu erfinden!):

Die Datensätze einer Tabelle werden hintereinander in eine Datei geschrieben. Bei großen Tabellen mit sehr vielen Datensätzen können so zwei Probleme entstehen:

- Wenn die Tabelle nach einem bestimmten Kriterium sortiert werden soll, müssen sehr viele Daten bewegt werden, bis die Tabelle in der neuen Reihenfolge vorliegt, weil jeder Datensatz mit allen Feldern umsortiert werden muss.

- Bei der Suche nach einem bestimmten Datensatz muss die Tabelle von vorne nach hinten durchsucht werden. Der Zeitaufwand ist bei großen Tabellen erheblich, weil bei der Suche vom Anfang bis zum Ende der Tabelle jeder Datensatz überprüft werden muss.

Beide Probleme kann man durch Indizieren eines bestimmten Feldes, nach dem sortiert oder gesucht werden soll, umgehen. Oft werden dazu von Programmen so genannte Indexdateien angelegt. In einer Indexdatei ist neben dem Feld, nach dem sortiert oder gesucht werden soll, nur ein Verweis auf den Datensatz eingetragen. Beim Sortieren von Daten muss somit viel weniger Datenmaterial bewegt werden und für das Suchen nach bestimmten Datensätzen gibt es in den Indexdateien spezielle Suchalgorithmen. Bei *Access* befinden sich die Tabelle und der Index zwar in der gleichen Datei, aber die Funktionsweise ist identisch.

Das Indizieren von Feldern hat allerdings auch seinen Preis. Da bei der Eingabe von Datensätzen für das indizierte Feld jeweils der Index angelegt werden muss, wird dadurch die Dateneingabe entsprechend verlangsamt.

Man unterscheidet zwei Arten der Indizierung:

- **Primärschlüssel**
Ein Wert des Feldes, für den Primärschlüssel vergeben wurde, ist nur genau einmal

vorhanden, wie beispielsweise die Filmnummer, denn jeder Film bekommt eine eindeutige Filmnummer.

- **Sekundärschlüssel**
Ein Wert eines Feldes, für das ein Sekundärschlüssel vergeben wurde, kann mehrfach vorhanden sein. In einer Adressdatei beispielsweise kann es mehrere "Müller" geben. Eine eindeutige Zuordnung ist nicht möglich, aber ein schnelles Suchen nach einem bestimmten Namen ist durch die Indizierung trotzdem gegeben." (Ralf Albrecht, Natascha Nicol: **Das Microsoft *Access* 1.1 Einmaleins** , Düsseldorf 1993, Seite 64 ff) .

Einen Index erstellt man in der gleichen Maske, in der man die Datenstruktur bestimmt, also in der Entwurfsansicht einer Tabelle. Dort war die letzte Feldeigenschaft **Indiziert** . Öffnet man die Liste erscheint (vgl. 3. Kapitel):

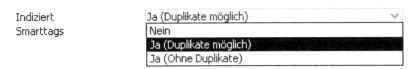

Durch entsprechendes Anklicken vergibt man so einen Primärschlüssel, einen sekundären Index oder löscht die entsprechende Einstellung.

Übung

1. Vergeben Sie in der Tabellenentwurfsansicht einen *sekundären Index* für Filmlänge. Wechseln Sie danach wieder in unsere allgemeine Abfrage. Sie können dazu beide Fenster gleichzeitig geöffnet lassen. Ansonsten müssen Sie die Abfrage speichern. ***Access*** fragt automatisch danach, wenn Sie das Fenster schließen wollen. Nennen Sie es **qry _ erste_aufgabe**.

2. Sortieren Sie Filme nach der Filmlänge und zwar absteigend. Dazu klicken Sie in die Zeile Sortierung in der Spalte int_FilmLaenge. Es erscheint das altbekannte Dropdownfenster, wenn sie auf ⌄ klicken:

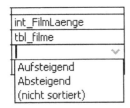

3. Suchen Sie sich "Absteigend" aus und lassen sich das Dynaset anzeigen. Wenn alles richtig gelaufen ist, dann steht der längste Film ganz oben, der kürzeste ganz unten.

4. Um über einem bestimmten Feld zu sortieren, muß das Feld zwar unten in der Entwurfsansicht stehen, aber es muß nicht unbedingt auch im Dynaset erscheinen. Um das ein- bzw. auszuschalten müssen Sie das Kästchen unter der Zeile Sortierung

    Sortierung: ⬚
    Anzeigen: ⬚ ☑ , vor dem Anzeigen steht, anklicken. Ein Häkchen lässt die Spalte in der Sicht erscheinen, ohne Häkchen kann man es zwar für alle Funktionen benutzen aber die Daten werden nicht in Abfragetabelle gezeigt. Probieren Sie das für die Filmlänge mal aus.

5. Sortieren Sie nach einem weiteren Kästchen. D. h. Sie möchten die Filme nicht nur nach ihrer Länge sortiert haben, sondern im nachfolgenden nach ihrem Entstehungsjahr. Wie?

Access nimmt in einem solchen Fall die erste Spalte mit Sortierungskriterium als *primäre Sortierung*, die Spalte danach als *sekundäre* usw. In unserem Fall ist das primäre Kriterium die *Filmlänge* und das sekundäre das *Jahr*. Sie müssen also die Spalte **Filmlänge** links neben die Spalte **Jahr** verschieben (siehe oben) und dort dann bei Sortierung "aufsteigend" anklicken.

Drückt man ⚡, kann man zu folgendem Ergebnis kommen:

	Bandnummer	Filmtitel	Jahr	Länge
	77	Der große Eisenbahnraub	1986	105 min
	32	Derek Flint schickt seine Leiche	1986	110 min
	77	Der Mann, der die Frauen liebte	1986	115 min
	32	Die Hexen von Eastwick	1986	120 min
	74	Alien 3	1986	125 min
	74	Der Hauch des Todes	1986	125 min
	64	Dumbo, der fliegende Elefant	1987	65 min
	77	Schneemänner mit Herz	1987	90 min
	58	Quartett im Bett	1987	90 min
	77	Asterix bei den Briten	1987	105 min
	77	Der große Eisenbahnraub	1987	105 min

qry_erste_aufgabe : Auswahlabfrage

Ergebnis der Sortierung

Das soll zu diesem Thema reichen. Bei den nächsten Beispielen werden wir allerdings diese Möglichkeiten immer wiederholen, ohne dass extra der Weg neu beschrieben wird. So übt sich der Dreh mit der Zeit schon ein.

9.3.3.3 Datensätze beschränken

Diese Funktion ist sicherlich eine der wichtigsten Vorteile einer Datenbank. Gezielt kann man sich nur die Datensätze anschauen, die bestimmten Kriterien genügen. Diese Kriterien sind sehr ausgefuchst definierbar. "Alle braunhaarigen über 1,90 m, die nicht in Köln oder Hamburg leben, ledig sind, jünger als 25, nicht mehr als 1 Kind und bis 1992 zwischen 1 500 € und 2 500 € netto verdient haben." oder so ähnlich.

Die Logik ist immer gleich: Sie schreiben in das für Sie interessante Feld die Bedingung in den Abfrageentwurf. Falls eine andere Bedingung in einem anderen Feld ebenfalls gelten soll, dann schreiben Sie sie in der **gleichen Zeile** in das entsprechende Feld, wenn Sie das logische UND brauchen, **eine Zeile tiefer** wenn Sie eine Verknüpfung mit dem logischen ODER benötigen. Zu abstrakt? Hier ein paar Beispiele:

Der Film soll länger sein als 90 Minuten UND ein Krimi -> logisches UND
Der Film soll entweder ein Krimi ODER ein Drama sein -> logisches ODER
Der Film soll NICHT ein Krimi sein-> logisches NICHT

Natürlich kommt es hier wieder sehr auf die korrekte Schreibweise dieser *Ausdrücke* - so heißt das in *Access* - an, damit das Programm weiß, was man überhaupt von ihm will. Die folgenden Tabellen geben Aufschluss über die richtige Notation und die Möglichkeiten, die *Access* hier bietet:

Komponenten eines Ausdrucks

Komponente	Beispiel	Beschreibung
Operator	+, =, >, Oder, Wie	Führt an einer oder mehreren anderen Komponenten eine Operation aus.
Bezeichner	[Postleitzahl]	
Formulare!Aufträge!AuftragsNr	Gibt ein Feld, ein Steuerelement, ein Formular, eine Eigenschaft etc. an.	
Funktion	DATUM, SUMME, DOMANZAHL	Gibt einen Funktionswert aus. Zulässig sind auch in Access - Basis geschriebene benutzerdefinierte Funktionen
Literal	100, "Hamburg", #1.1.93#	
	Zahl, Datumsangabe oder Text. Ein Literal wird ohne Interpretation zeichengetreu übernommen.	
Konstante	Wahr, Falsch, Ja, Nein, Null	Fester Wert, der eine Zahl oder ein Text sein kann.

Stellvertreterzeichen

Zeichen	Beispiel	Bedeutung
*	ma* findet man, Mann und Mauer *er findet Heiner, einer und Schornsteinfegermeister	Das Sternchen wirkt wie das DOS-Stellvertreterzeichen *, d. h. es kann einer beliebigen Anzahl Zeichen entsprechen. Im unterschied zu DOS kann es in **Access** jedoch auch für das erste oder letzte Zeichen stehen.
?	R?gen findet Regen und Rügen	Steht für ein beliebige einzelnes Zeichen; wirkt wie bei DOS.
#	1#3 findet 103,113,123	Steht für eine beliebige einzelne Zahl
[]	R[eü]gen findet Regen und Rügen , nicht jedoch Rogen	Steht für eines der innerhalb der eckigen Klammern angegebenen Zeichen.
!	R[!eü]gen findet Rogen, nicht jedoch Regen und Rügen	Steht für eines der innerhalb der eckigen Klammern nicht angegebenen Zeichen.
-	b[a-c]d findet bad, bbd und bcd	Steht für ein einzelnes, beliebiges Zeichen innerhalb des angegebenen Bereichs.

Operatoren

Operator	Bedeutung
<	Kleiner als
<=	Kleiner als oder gleich
>	Größer als
>=	Größer als oder gleich
=	Gleich
<>	Ungleich

Operator	Bedeutung
&	Verkettet zwei Operanden

Operator	Bedeutung
Und	Logisches Und
Nicht	Logisches Nicht
Oder	Inklusives Oder
ExOder	Exklusives Oder

Operator	Bedeutung
*	Multiplikation
+	Addition
-	Subtraktion oder Vorzeichenumkehr
/	Division von Gleitkommazahlen
\	Division von Integerzahlen
^	Potenzieren
Mod	Division zweier Zahlen und Ausgabe des Rests
Operator	**Bedeutung**

r	
Ist Null	Prüft, ob ein Wert Null ist oder nicht Null ist
Wie	Prüft, ob ein Zeichenfolgenausdruck einem als Suchbegiff angegebenen Zeichenfolgenausdruck gleicht; dabei dürfen Stellvertreterzeichen angegeben werden.
Zwischen	Prüft, ob ein Wert zwischen zwei Grenzen liegt.
In	Prüft, ob ein Wert in einer Wertliste vorkommt.

Übung

Voraussetzung für die nun folgenden Übungen ist, dass Sie sich in der Entwurfsansicht der Abfrage befinden und alle Felder der Tabelle Filme aus dem Auswahlbereich in den Entwurfsbereich geklickt haben.

Lassen Sie sich alle Krimis zeigen.

Die Anführungszeichen sagen dem Programm, dass es sich um Text handelt. Zwar sind sie nicht unbedingt nötig, da **Access** versucht, sie selber zu setzen, sobald etwas als Text identifiziert wird, aber es ist sicherer, man gibt sie selber ein.

Lösung:

Lösung 1. Aufgabe

Lassen Sie sich alle Filme zeigen, die kürzer sind als 100 Minuten.

Lösung:

Lösung 2. Aufgabe

Sie sehen nichts? Schauen Sie mal nach, ob Sie vorher bei **txt_kategorie** die andere Bedingung gelöscht haben. Sonst haben Sie nämlich das logische UND in ihre Abfrage eingebaut, was hier noch nicht gefragt war !

Lassen Sie sich alle Filme zeigen, die länger sind als 100 Minuten UND Krimis sind.

Lösung:

int_FilmLaenge	txt_kategorie
tbl_filme	tbl_filme
Aufsteigend	
☑	☑
>100	"Krimi"

Lösung 3. Aufgabe

Lassen Sie sich alle Filme zeigen, von denen Sie die Kategorie nicht kennen.

Lösung:

txt_kategorie
tbl_filme
☑
Ist Null

Lösung 4. Aufgabe

Lassen Sie sich alle Filme zeigen die zwischen 90 und 110 Minuten lang sind.

Lösung :

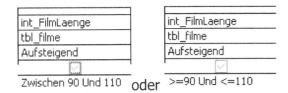

int_FilmLaenge		int_FilmLaenge
tbl_filme		tbl_filme
Aufsteigend		Aufsteigend
☐		☑
Zwischen 90 Und 110	oder	>=90 Und <=110

Lösung 5. Aufgabe mit Alternative

Jetzt kommen mal ein paar Beispiele ohne Lösung. Die verschiedenen Möglichkeiten der Abfrage sehen Sie ja oben in den Tabellen.

1. Lassen Sie sich die Filme anzeigen, in deren Titel "Bond" vorkommt. Tip: arbeiten Sie mit den Stellvertreterzeichen (*).

2. Suchen Sie den Film in dem Madonna oder so ähnlich die weibliche Hauptrolle spielt. Sie wissen allerdings nicht genau, wie die Frau sich schreibt: Madanna, Madonna, oder Madenna.

3. Lassen Sie sich nur Filmtitel und Filmlänge anzeigen.

4. Nehmen Sie die Bandnummer mit dazu. Sie soll an erster Stelle stehen.

5. Lassen Sie sich wieder alle Felder anzeigen.

6. Lassen Sie sich Bandnummer, Hauptdarsteller, Filmlänge und Filmtitel anzeigen und zwar genau in dieser Reihenfolge.

Speichern Sie diese Abfrage zur weiteren Verwendung, indem Sie auf den Befehl **Datei** " **Speichern** gehen. Tragen Sie für die Abfrage den Namen: **"qry_Kurzform_mit_Schauspielern"** ein und bestätigen Sie. Wenn Sie jetzt das Abfragefenster schließen, sehen Sie im Datenbankfenster Ihre neu erstellte Abfrage, die Sie jederzeit neu, weiter oder sonst wie bearbeiten können.

7. Lassen Sie sich auf Grundlage der Abfrage "qry_Kurzform_mit_Schauspielern" nur die Filme, die länger sind als 90 Minuten, anzeigen.

8. Setzen Sie wieder alle Felder in die Abfrage, sortieren Sie sie in erster Instanz nach den Schauspielern, in zweiter Instanz nach der Länge und in dritter Instanz nach der Bandnummer .

9. Sortieren Sie die Tabelle nach den Bändern.

10. Lassen Sie sich auf dieser Grundlage alle Abenteuerfilme und Bondfilme anzeigen. Speichern Sie das nicht.

Ich denke, das reicht. Wie gesagt: Die Formeln können beliebig schwierig werden, je nachdem, welche Bedingungen man für sein Dynaset braucht.

9.3.4   Komplexes

9.3.4.1   Verknüpfen von Tabellen in Abfragen

Es wurde schon gezeigt, dass man in *Access* mehrere Tabelle verknüpfen kann. In Abfragen kann man diese verknüpften Tabellen endlich benutzen. Man kann hier die Erklärung gleich mit einer Übung verbinden.

Übung

*   Wählen Sie eine neue Abfrage. Das sich öffnende Bild kennen Sie schon. Klicken Sie **tbl_filme** an und drücken Sie auf **Hinzufügen** . Danach markieren Sie **tbl_Bänder** und betätigen **Hinzufügen** .

*   Sie sehen, dass das Programm die Verknüpfung zwischen den Spalten *Bandnummer* beider Tabellen übernommen hat, die man vorher unter **Extras/ *Beziehungen*** eingrichtet hat. Übrigens: Falls das nicht der Fall sein sollte, klickt man einfach mit der Maus auf den Spaltennamen *int_bandnummer* der einen Tabelle und zieht die Überschrift mit gedrückter Maustaste zur Spalte *int_bandnummer* der anderen Tabelle. Das Ergebnis sieht dann so aus:

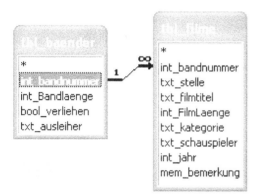

Verknüpfung zwischen zwei Tabellen in einer Abfrage

Auch hier müssen die die Felddatentypen der zu verknüpfenden Felder gleich sein, damit *Access* die Verknüpfung akzeptiert. Allerdings kann man keine Angaben zur referentiellen Integrität machen, weshalb die Verknüpfung über den Befehl **Extras/ *Beziehungen*** eindeutig professioneller ist. Doppelklick auf den Verbindungsstrich erlaubt hier auch die Angabe des Verknüpfungstyps

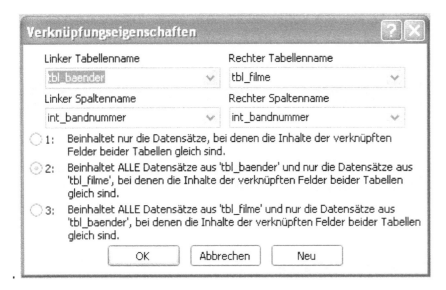

Verknüpfungseigenschaften

- Erstellen Sie durch herunterziehen der richtigen Felder in der richtigen Reihenfolge die auf dem Bild sichtbare Abfrage:

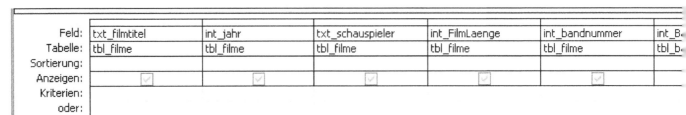

Feld:	txt_filmtitel	int_jahr	txt_schauspieler	int_FilmLaenge	int_bandnummer	int_B.
Tabelle:	tbl_filme	tbl_filme	tbl_filme	tbl_filme	tbl_filme	tbl_b.
Sortierung:						
Anzeigen:	☑	☑	☑	☑	☑	
Kriterien:						
oder:						

Abfrage "Filme und Bänder verbunden"

- Speichern Sie sie unter dem Namen "qry_Filme_und_Baender_verbunden" und schauen sich die Auswahlliste an. Wenn alles gut geklappt hat, sollte folgender Bildschirm bei Ihnen zu sehen sein:

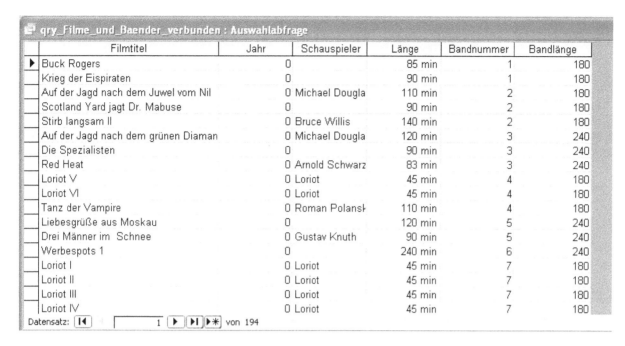

Filmtitel	Jahr	Schauspieler	Länge	Bandnummer	Bandlänge
Buck Rogers	0		85 min	1	180
Krieg der Eispiraten	0		90 min	1	180
Auf der Jagd nach dem Juwel vom Nil	0	Michael Dougla	110 min	2	180
Scotland Yard jagt Dr. Mabuse	0		90 min	2	180
Stirb langsam II	0	Bruce Willis	140 min	2	180
Auf der Jagd nach dem grünen Diaman	0	Michael Dougla	120 min	3	240
Die Spezialisten	0		90 min	3	240
Red Heat	0	Arnold Schwarz	83 min	3	240
Loriot V	0	Loriot	45 min	4	180
Loriot VI	0	Loriot	45 min	4	180
Tanz der Vampire	0	Roman Polansk	110 min	4	180
Liebesgrüße aus Moskau	0		120 min	5	240
Drei Männer im Schnee	0	Gustav Knuth	90 min	5	240
Werbespots 1	0		240 min	6	240
Loriot I	0	Loriot	45 min	7	180
Loriot II	0	Loriot	45 min	7	180
Loriot III	0	Loriot	45 min	7	180
Loriot IV	0	Loriot	45 min	7	180

Datensatz: 1 von 194

Abfrageergebnis von "qry_Filme_und_Baender verbunden"

Was die einzelnen Eigenschaften (1,2,3) bewirken, ist dort erklärt, wobei *Felder mit gleichen Inhalten* nichts anderes meint, als dass sie Daten enthalten, also nicht leer sind.

9.3.4.2 Berechnen von neuen Feldern

Schaut man sich unsere Dynaset so an, ist das alles schon sehr schön, aber noch schöner wäre es, wenn wir uns auch die freie Zeit auf den Bändern anzeigen lassen könnten. Dem wollen wir uns jetzt nähern.

Die erste Überlegung ist natürlich wieder, welche Felder wir brauchen, um eine Abfrage zu erstellen, die dieses Problem bewältigt. Zum einen benötigen wir die **Filmtitel, Filmlänge** und die **Stelle der Filme** , an denen sie aufgenommen worden sind. Dann brauchen wir die **Bandnummer** und die **Gesamtlänge der Bänder** . Wenn soweit Einigkeit herrscht, dann versuchen Sie einmal, folgende Abfrage zu erstellen, die Sie unter "qry_Freie_Bandzeit" speichern.

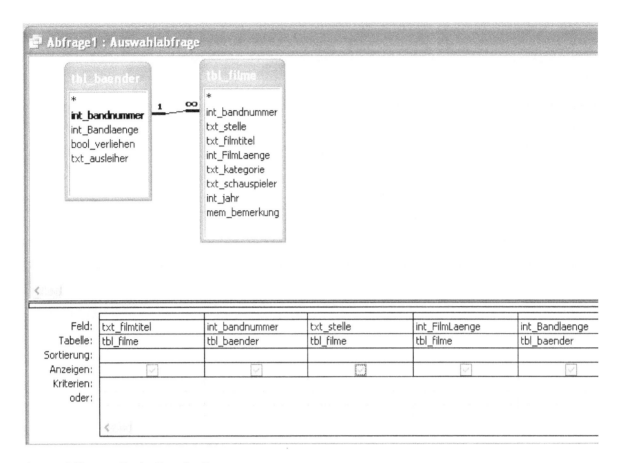

Auswahlfrage: Freie Bandzeiten

Achtung: Folgendes gilt es zu bedenken: Erstens muss es eine Verknüpfung sein, bei der **alle** Bänder gezeigt werden, damit wir auch die ganz leeren bekommen (Verknüpfung 2). Zweitens muss man deshalb das Feld **Bandnummer** aus der zweiten Tabelle (Bänder) nehmen, sonst bleibt der Eintrag nämlich leer. Drittens sollte man deshalb auch die Tabellennamen mit einblenden, damit man weiß, welches Feld aus welcher Tabelle stammt. Normalerweise erscheint die Zeile Tabelle automatisch, ist also Standardeinstellung. Wenn nicht machen macht man folgendes: Man wählt den Befehl **Ansicht** " *Tabellennamen.* Über der Zeile "Sortierung" bekommen Sie die Zeile "Tabelle". Probieren Sie es ruhig einmal aus. Das Dynaset sollte dann so aussehen:

Filmtitel	Jahr	Schauspieler	Länge	Bandnummer	Bandlänge
Buck Rogers	0		85 min	1	180
Krieg der Eispiraten	0		90 min	1	180
Auf der Jagd nach dem Juwel vom Nil	0	Michael Dougla	110 min	2	180
Scotland Yard jagt Dr. Mabuse	0		90 min	2	180
Stirb langsam II	0	Bruce Willis	140 min	2	180
Auf der Jagd nach dem grünen Diaman	0	Michael Dougla	120 min	3	240
Die Spezialisten	0		90 min	3	240
Red Heat	0	Arnold Schwarz	83 min	3	240
Loriot V	0	Loriot	45 min	4	180
Loriot VI	0	Loriot	45 min	4	180
Tanz der Vampire	0	Roman Polansk	110 min	4	180
Liebesgrüße aus Moskau	0		120 min	5	240
Drei Männer im Schnee	0	Gustav Knuth	90 min	5	240
Werbespots 1	0		240 min	6	240
Loriot I	0	Loriot	45 min	7	180
Loriot II	0	Loriot	45 min	7	180
Loriot III	0	Loriot	45 min	7	180
Loriot IV	0	Loriot	45 min	7	180

Datensatz: ◄ | 1 ► ►I ►✳ von 194

1. Schritt: Dynaset zur freien Bandzeit

Schon ganz schön, aber hier müssten wir noch mit der Hand rechnen. Also werden wir jetzt ein Feld einfügen, das diese Arbeit für uns übernimmt. Gehen Sie in die Spalte *Bandlänge* des Abfrageentwurfs, drücken Sie **Umschalten + F2** , damit der Zoom eingeblendet wird und schreiben Sie die folgende Formel dorthin:

2. Schritt

Die Logik bei diesen Rechenformeln ist immer gleich. Sie schreiben erst einen von Ihnen erfundenen Feldnamen, der mit einem Doppelpunkt abgeschlossen wird - hier: **Restzeit:** -, dann folgen in **eckigen** Klammern die Feldnamen, mit denen Sie rechnen wollen. Dazwischen sind alle Rechenoperationen erlaubt, die weiter vorne schon einmal angeführt wurden.

Schaut man sich jetzt sein Dynaset an, sollte es ungefähr so aussehen:

qry_restzeit_auf_band : Auswahlabfrage

Filmtitel	Bandnummer	Stelle auf dem Band	Stelle auf dem Band	Länge	Restzeit
Der große Eisenbahnraub	77	a	a	105 min	135
Asterix bei den Briten	77	b	b	105 min	135
Schneemänner mit Herz	77	c	c	90 min	150
Der Mann, der die Frauen liebte	77	d	d	115 min	125
Die Mafiosi-Braut	78	a	a	100 min	140
Streik	78	b	b	65 min	175
Arbeiter verlassen die Fabrik	78	c	c	40 min	200
Per Anhalter durch die Galaxis	78	d	d	95 min	145
Liebe, die vom Himmel fällt	79	a	a	100 min	140
Dr. Kimble auf der Flucht	80	a	a	120 min	120
Vertigo	81	a	a	145 min	95
Sterns Stunde	81	b	b	45 min	195
Die Glücksritter	82	a	a	130 min	110
Switch - Die Frau im Manne	82	b	b	120 min	120
Boomerang	83	a	a	135 min	125
Oscar - Vom Regen in die Traufe	83	b	b	105 min	155
Die Committmans	83	c	c	115 min	145
Wir können auch anders	84	a	a	90 min	150
	85				
Last Action Hero	86	a	a	160 min	20
	87				
	88				
	89				

3. Schritt: Dynaset mit Restzeit

Es wird immer besser, aber zum einen merkt die Abfrage nicht, dass auf einem Band eventuell zwei Filme sind, zum anderen werden bei leeren Bändern keine Berechnungen angestellt. Damit kann man leben, aber es geht besser. Zum einen mit Abfragefunktionen, die wir in diesem Kurs nicht mehr behandeln, zum anderen wenn man die letzte Kategorie, die für diesen Kurs vorgesehen ist, zur Hilfe nimmt, nämlich den Bericht (siehe Seite 87).

Ein anderes Beispiel: Man arbeitet in eine Artikelliste mit Preisen. Die Mehrwertsteuer kann man sich in der Abfrage ausrechnen lassen:

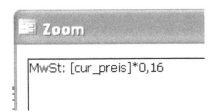

Zoom

MwSt: [cur_preis]*0,16

Mögliche Formel für die Mehrwertsteuer

Leider kennt **Access** an dieser Stelle das Rechenzeichen % nicht an. Man muss mit 0,16 bzw. mit 16/100 rechnen. Das gleich gehe übrigens auch später in den Formularfeldern und die selben Regeln gelten in Kapitel 6 bei den Berichten. Möchte man übrigens diese Spalte auch formatiert haben als Währung, z. B. , so macht man das mit der rechten Maustaste im Abfragefenster. In der entsprechenden Spalte wählt man den Befehl *Eigenschaften*

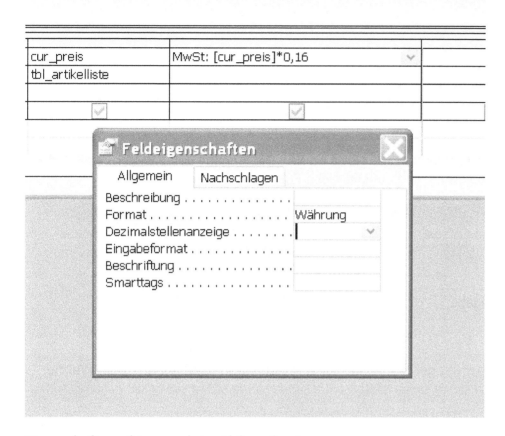

cur_preis	MwSt: [cur_preis]*0,16	∨	
tbl_artikelliste			
	✓	✓	

Eigenschaften gibt es auch im Abfragefenster

9.3.4.3   Abfrage mit Parametern

Abfragen sind so flexibel, dass man statt des festen Wertes, den **Access** heraus suchen soll, auch einen Stellvertreter als Kriterium vorsehen kann, so dass zur Ablaufzeit der Abfrage nachgehakt wird, was man denn eigentlich braucht.

Im folgenden wird dies anhand der Spalte *Kategorie* erläutert. Dazu wird die Spalte *Kategorie* aus dem Auswahlbereich in die Entwurfsansicht gezogen. In die Zeile Kriterien schreibt man folgendes hinein:

=[Welche Kategorie soll angezeigt werden?]

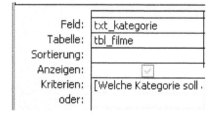

Feld:	txt_kategorie
Tabelle:	tbl_filme
Sortierung:	
Anzeigen:	✓
Kriterien:	[Welche Kategorie soll .
oder:	

Parameter

Der Trick besteht darin, dass man die Frage in eckige Klammern setzt und davor die Vergleichsoperatoren. Immer wenn das Programm eine Aussage in der Zeile Kriterien in diesen Klammern findet, tut es so, als wäre es gefragt. Die Antwortmöglichkeit erscheint wenn man nun die Abfrage laufen lässt.

Parameterwert eingeben

Je nachdem welche Kategorie gewünscht ist, gibt man sie . Die Eingabe von „Western" zeigt alle Westernfilme an, wenn man vorher noch auf **OK** klickt. Folgendes Bild erscheint:

Kategorie	Filmtitel	Bandnummer	Stelle auf dem Band	Stelle auf dem Band	Länge
Western	Der Mann, der die Katzen tanzen läßt	10 b	b		110 min
Western	Der mit dem Wolf tanzt	73 a	a		255 min

Dynaset nach Parametereingabe

Übung

Probieren Sie es einmal selber mit der Suche nach einer bestimmten Bandnummer (z.B. Welche Bandnummer suchen Sie?).

9.3.4.4   Abfrage mit Parametern und Stellvertreterzeichen

Perfekt wird eine solche Parameterabfrage, wenn man sie noch mit Stellvertreterzeichen mischen kann. Leider geht es nicht so, dass man einfach in das sich öffnende Fenster eingibt: *Bond* Damit bekommt man kein Ergebnis. Die Stellvertreterzeichen müssen mit in die Parameterabfrage. Das Ergebnis sieht dann so aus:

Parameterabfrage mit Stellvertreterzeichen

9.4 Tabellenerstellungsabfrage

Wenn man zwecks Export von Daten eine neue Tabelle braucht, in der nur bestimmte Datensätze gespeichert sind, dann reicht eine Auswahlabfrage nicht, da diese ja nur immer wieder den Befehl ausführt, aber nicht wirklich eine physische neue Tabelle erstellt. Um dies zu erreichen, braucht man die „Tabellenerstellungsabfrage.

Man findet diese Funktionalität, wenn man eine neue Abfrage erstellt und dann in der Entwurfsansicht auf den Befehl **Abfrage** geht

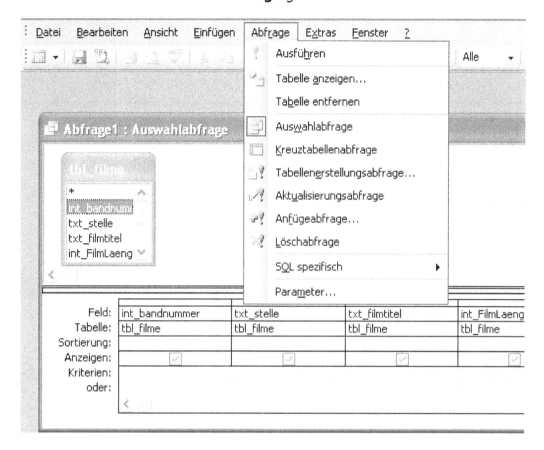

Die verschiedenen Abfragetypen

Statt der standardmäßig markierten „Auswahlabfrage" wählt man einfach die „Tabellenerstellungsabfrage", auch wenn es ein Wortungetüm ist. **Access** zeigt einem umgehend ein neues Fenster, in das man den Namen der neuen Tabelle eintragen soll:

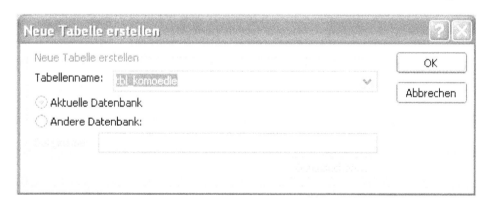

Die Tabellenerstellungsabfrage braucht einen Namen für die neue Tabelle

Kriterien und Spalten werden wie gewohnt definiert und danach klickt man auf das wohlbekannte rote Ausrufezeichen, um die Abfrage zum Laufen zu bringen. An der Stelle kommt eine weitere Nachfrage.

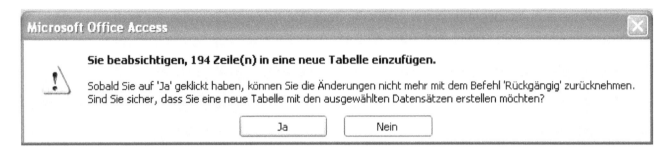

Ist man sicher, dass man die neue Tabelle, in der in diesem Beispiel dann nur die Komödien stehen, wirklich erstellen möchte, bestätigt man es mit *Ja* und findet Sekunden später unter der Registerkarte *Tabellen* die neue Tabelle vor.

9.5 Die Aktualisierungsabfrage

Eine andere Art der Ereignisabfrage ist die „Aktualisierungsabfrage". Mit ihr kann man in einer Tabelle auf einen Rutsch einen Begriff austauschen. Sollen z. B. die Filme, die mit der Kategorie *Hitchcock* belegt wurden, in *Krimi* untergebracht werden, erstellt man wieder eine neue Abfrage, holt sich die Spalte, in der der zu ändernde Begriff steht und wählt diesmal die „Aktualisierungsabfrage". Jetzt wird nicht nach einem neuen Dateinamen gefragt, sondern unten der Abfragebereich ändert sich.

Statt der Zeile *Sortieren* finden wir dort *Aktualisieren* . Dort hinein schreibt man den neuen Begriff, also in diesem Beispiel „Krimi". In die *Kriterien* schreibt man das, wonach *Access* suchen soll, nämlich „Hitchcock". Lässt man die Abfrage mit dem roten Ausrufezeichen laufen, erscheint wieder eine Nachfrage:

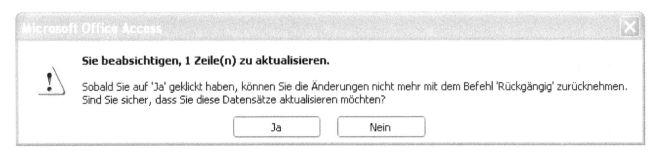

Das ist auch gut so, da man in dem Moment in der originalen Tabelle Änderungen durchführt. Die Bestätigung mit *Ja* ändert in der Tabelle überall „Hitchcock" in „Krimi". Das kann man **nicht** rückgängig machen.

9.6   Die Löschabfrage

Nicht ganz ungefährlich ist die Löschabfrage, da sie alle Datensätze der Tabelle löscht, die dem angegebenen Kriterium genügen. Hat man die Schnauze voll von all den Komödien, könnte man eine neue Abfrage erstellen, dort das Feld „txt_Kategorie" nach unten holen und die „Löschabfrage" wählen.

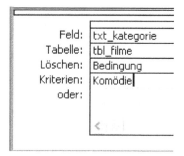

Nach Klicken auf das rote Fragezeichen auch hier wieder die schon bekannte Nachfrage. Schaut man nach der Bestätigung in seine Filmtabelle, sind alle Komödien weg.

9.7   Die Anfügeabfrage

Die letzte Aktions- oder Ereignisabfrage ermöglicht es, Daten aus einer Tabelle an eine zweite anzufügen. Das ist ganz praktisch, wenn man Daten von einem anderen System bekommt, die in eigene Tabellen integriert werden müssen. Auch hier erstellt man eine neue Abfrage und wählt dann als Tabelle diejenige aus, die man anfügen möchte. Bei den Screenshots wird einfach die tbl_komoedie genommen, damit man diese Filme wieder in die Haupttabelle einfügt werden.

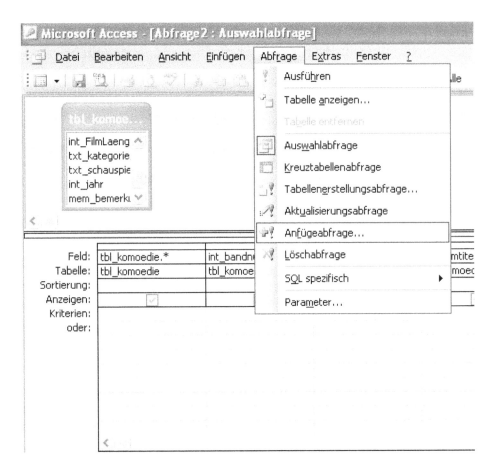

Die tbl_komoedie soll angefügt werden...

Und zwar an die tbl_filme

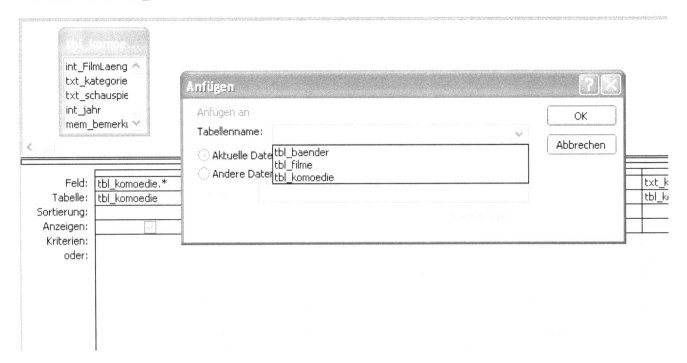

Hat man die entsprechende Tabelle ausgewählt, ändert sich wiederum der Abfragebereich:

Welche Spalten sollen wo angefügt werden?

Hier kann man jetzt angeben, welche Feldnamen der ersten Tabellen, den Feldnamen der zweiten Tabelle entsprechen. Die Namen müssen also nicht gleich sein, aber die Felddatentypen sollten es schon sein, da sonst Datenverlust zu befürchten ist. Hat man alle Spalten angepasst, erzeugt der Klick auf das rote Fragezeichen wieder eine Nachfrage

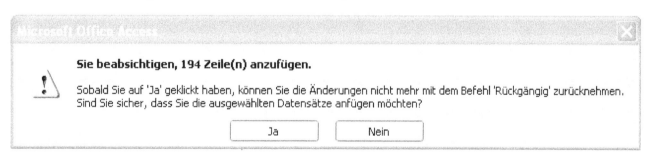

Danach finden sich in diesem Beispiel alle Komödien wieder in der Haupttabelle.

Soweit zu den verschiedenen Abfragetypen, die sich als mächtiges Mittel der Datenpflege erweisen.

10   Seriendruck in Word

Möchte man mit den Daten einer Auswahlabfrage oder eine bestimmten Tabelle einen Serienbrief erstellen, dauert das nur zwei Mausklicks. Man markiert die Tabelle oder Abfrage, benutzt den Befehl **Extras** *Office-Verknüpfungen* *Seriendruck mit Microsoft Word* und wählt aus, ob man einen neuen Brief erstellen möchte, oder aber einen schon geschriebenen.

Man kann also von Access aus den Tabellen- und den Abfrage-Objekten einen Seriendruck in Word starten.

Vorgehensweise:

- Tabelle oder Abfrage anklicken

- Menü Extras

- Befehl Office-Verknüpfungen

- hier Seriendruck mit Word anklicken

- nun muss man sich entscheiden, ob man ein neues Dokument erstellen möchte oder ob ein vorhandenes Word-Dokument geöffnet werden soll

- OK

- jetzt wird Word geöffnet und man muss die Seriendruck-Felder wie gewohnt platzieren

11   Export der Daten nach Word oder Excel

Vorgehensweise:

- Tabelle oder Abfrage anklicken

- Menü Extras

- Befehl Office-Verknüpfungen

- hier „mit Word veröffentlichen" oder „analysieren mit Excel" anwählen

- nun wird das entsprechende Programm geöffnet und die Daten an dieses übergeben

12 Berichte - Kurzerläuterung

12.1 Kurzerläuterung Berichtserstellung

Mit Berichten hat man in Access die Möglichkeit, die Daten ansprechend auszudrucken.

Berichte können aus Tabellen oder aus Abfragen erstellt werden.

Vorgehensweise:

- in das Berichts-Objekt gehen

- Schaltfläche „Neuer Bericht"

- nun aus der Liste auswählen, welchen Bericht man möchte – wir wählen den Berichtsassistent

- im selben Fenster unten muss man wählen, welche Tabelle als Grundlage für den Bericht dienen soll

- Weiter

- nun kann man die Felder aus der Tabelle hinzufügen, die man gewählt hat. Die Felder sind auf der linken Seite, sobald man auf eines doppelklickt, wird des zu den auszudruckenden Feldern übernommen. ACHTUNG: die Reihenfolge der Felder ist jetzt schon entscheidend für den Ausdruck.

- Weiter

- nun wird die Sortierung festgelegt, z.B. nach Firmenname oder Nachname

- Weiter

- nun wird die Berichtsart festgelegt: tabellarisch oder nach Blöcken

- Weiter

- Bericht muss noch gespeichert werden

- Fertig stellen

Die Formatierung des Berichts kann jederzeit verändert werden: dazu im Bericht links oben auf die Schaltfläche „Entwurfsansicht" klicken. Nun sehen wir die Platzhalter im Bericht (ist mit dem Master in PowerPoint zu vergleichen) und können formatieren: Element anklicken und über die Formatierungs-Symbolleiste formatieren.

12.2 Tabellarischer Bericht

Firma	Name	Vorname	Straße	PLZ
Müller GmbH	Denke	Andrea	Stadionstraße 1-3	70771
DaimlerChrysler	Schrempp	Jürgen	Möhringer Landstraße 12-18	70596

12.3 Bericht in Blöcken

Firma	Müller GmbH
Name	Denke
Vorname	Andrea
Straße	Stadionstraße 1-3
PLZ	70771
Ort	Leinfelden-Echterdingen

Firma	DaimlerChrysler
Name	Schrempp
Vorname	Jürgen
Straße	Möhringer Landstraße 12-18
PLZ	70596
Ort	Stuttgart

13 Berichte - Drucken in *Access*

Manchmal reicht es nicht, Daten, die man selektiert, geordnet und "sonst was" hat, nur auf dem Bildschirm nachzuvollziehen. Man braucht sie schwarz auf weiß. Für diese Aufgabe ist das Modul **Bericht** vorgesehen. Zwar kann man auch aus den Formularen heraus drucken, aber dort fehlen ein paar Möglichkeiten, wie das Gruppieren und Sortieren, das hier geboten ist.

Das Drucken in *Access* kann sich beliebig schwierig gestalten. Da aber das Prinzip den Formularen ähnelt, werden in diesem Skript nur zwei Beispiele durchgenommen, um anzudeuten was alles geht.

13.1 Listendruck mit dem Berichtsassistenten

13.1.1   Der Assistent, was leistet er?

Für das Drucken braucht man Daten, logisch. Also ist häufig der erste Schritt das Erstellen einer Abfrage, in der die Daten, die man nachher drucken möchte, stehen. In unserem Fall wollen wir nur eine Kurzliste der Filme, der Filmbänder, der genauen Stelle, des Erscheinungsjahrs und Filmlänge. Diese Abfrage gibt es schon: **qry_Filme_und_Baender_verbunden** . Falls doch nicht, muss an dieser Stelle eine solche Abfrage, die alle Felder enthält und nur die Bänder, auf denen etwas drauf ist, hergestellt werden.

Wie man sich schon denken kann, muss man dann erst einmal das entsprechende Modul, nämlich den Bericht, anwählen. Das kann man in dem Datenbankfenster mit 🗋 Berichte , weil da steht ja auch Bericht dran!

Danach muss man dann noch auf die Taste 🗋Neu drücken, und es kann losgehen. Schneller für die Erstellung neuer Berichte ist es bekannter weise der über den Button Neues Objekt *" Bericht* in der Symbolleiste. Egal wie man es macht, es öffnet sich folgendes Fenster:

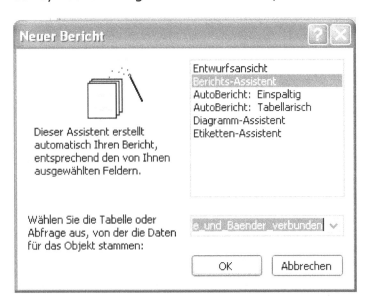

Das ist auch schon bekannt, nämlich von der Formularerstellung. Auch hier kann man wieder mit einem Assistenten arbeiten oder alles selber erstellen. Im folgenden wird mit dem Assistenten ein Entwurf erstellt, der im nach hinein noch angepasst wird.

Übung:

Wir wählen also den Berichts-Assistenten und die Abfrage
qry_Filme_und_Baender_verbunden aus der unteren Dropdownliste. Danach klicken wir auf **OK.**

Folgendes Fenster öffnet sich:

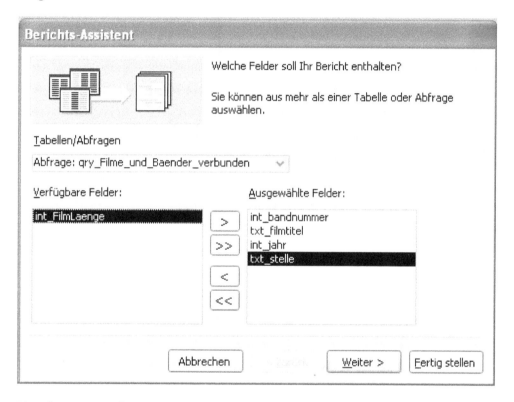

Hier kann man die Felder, die man im Bericht haben möchte auswählen, was man auch dem Assistenten entnehmen kann.

Will man alle Felder im Bericht übernehmen, kann man auf den Doppelpfeil (>>) drücken, ansonsten markiert man das gewünschte Feld und klickt auf den einfachen Pfeil (>). Will man Felder wieder zurücknehmen, funktioniert das genauso mit den Pfeilen, die in die entgegen gesetzte Richtung zeigen - wie bei den Formularen eben.

Falls man mehrere Felder aus mehreren Tabellen und Abfragen in den Bericht einschließen möchte, klickt man nicht auf **Weiter** oder **Fertig stellen** , nachdem man die Felder aus der ersten Tabelle oder Abfrage im Berichts-Assistenten ausgewählt haben. Man geht mit der Taste **<Zurück** , um dieselben Schritte durchzuführen, die man bei der Abfrage *qry_Filme_und_Baender_verbunden* gemacht hat. Im ersten Schritt wählt man dann die zweite Abfrage.

Unser Bericht soll erst einmal aus allen aufgeführten Feldern der qry_Filme_und_Baender_verbunden bestehen, außer dem Feld int_FilmLaenge. Danach geht es weiter mit Weiter > .

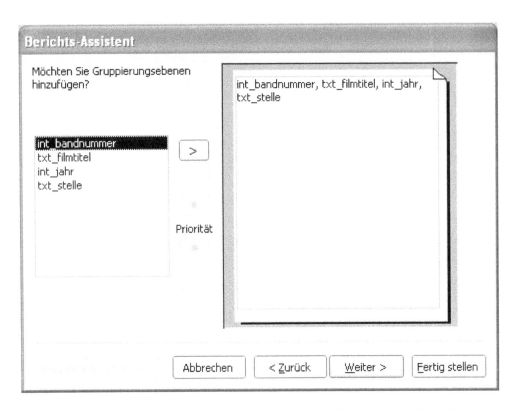

Hier kann man so genannte Gruppierungsebenen bestimmen. Eine Gruppierung nach Bandnummer bewirkt zum Beispiel, dass nicht vor allen Filmen die Bandnummer steht, sondern nur einmal auftaucht und die Zugehörigkeit der Filme zu den Bändern durch ihre Anordnung deutlich wird.

6			
Werbespots 1	0	a	240 min
7			
Loriot I	0	a	45 min
Loriot II	0	b	45 min
Loriot III	0	c	45 min
Loriot IV	0	d	45 min

Wir wollen diese Art der Gruppierung in unserem Bericht **nicht** haben. Da *Access* die oben aufgeführte Gruppierung jedoch automatisch einrichtet, müssen wir diese aufheben. Das geht ganz einfach, indem man auf diesen Pfeil (<) klickt. Damit wird int_bandnummer nicht mehr mit blauer Schrift dar gestellt, sondern genauso wie die anderen Feldnamen auch.

Mit den Prioritäts-Tasten (< und >) kann man also bestimmen, welche Felder Priorität haben sollen und welche nicht. Feldnamen je nach der gewünschter Priorität sortieren.

Noch etwas: Alle Feldnamen, denen man eine Priorität zuschreibt, tauchen nachher im Bericht mit ihrer Abkürzung auf. Hätte man die *Bandnummern* gruppiert, würde dann in der Feldnamenspalte des Berichts *int_bandnummer* stehen Das ist so, aber man kann es nachher in der Entwurfsansicht (kommt später) ändern. Die anderen Feldnamen werden automatisch ohne Abkürzung übernommen.

Wir klicken mal wieder auf Weiter >.

Im folgenden Fenster können wir bestimmen, nach welchen Kriterien die Datensätze sortiert werden sollen. Wir werden unsere Filme nach ihrer Bandnummer sortieren. Also wählen Sie aus dem ersten Dropdownfenster *int_bandnummer* aus.

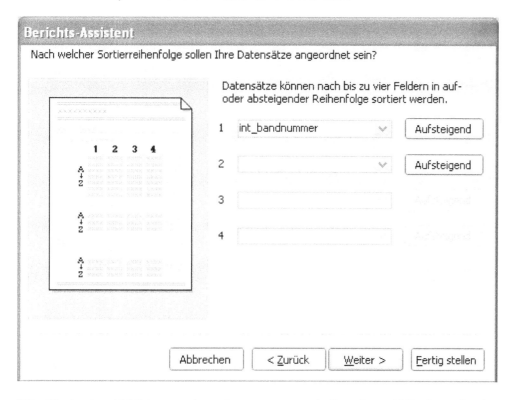

Wie Sie in der Abbildung sehen, kann man noch 3 weitere Kriterien, die dann dem ersten nachgeordnet sind, angeben, aber dass brauchen wir nicht.

Der nächste Schritt des Assistenten erlaubt ihnen ein Layout für ihren Bericht zu wählen. Das ist ein Vorteil des Assistenten, denn bei den Auto-Berichten steht uns diese Auswahl nicht zur Verfügung Wir wählen für unseren Bericht das Layout *Einspaltig.* .

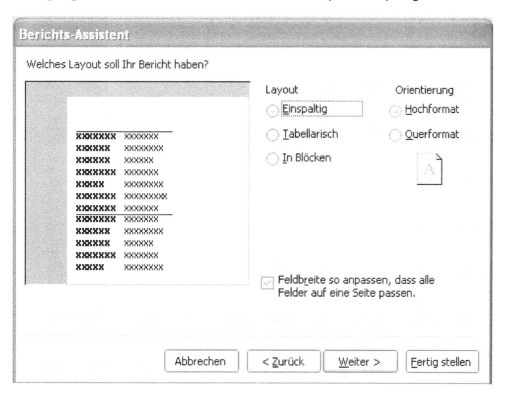

Im nächsten Schritt, auf den nicht genauer eingegangen wird, können Sie ein Format wählen. Hier wird das Format **Fett** gewählt, was eine reine Geschmacksentscheidung war. Wenn Ihnen ihr gewähltes Format nicht gefällt, können Sie es im nachhinein noch ändern.

Der letzte Schritt erfordert, dass man dem Bericht eine Überschrift verpasst. Wir nennen unseren Bericht *Bänder und ihre Filme* . Eines muss man dabei wissen, nämlich dass diese Überschrift auch als Name des Berichts im Datenbankfenster auftaucht und nicht wie eigentlich gewünscht *rpt_Filme_und_Baender_verbunden.* Man muss also nachher in das Datenbankfenster und den Bericht umbenennen.

Weiterhin kann man wählen, ob man ein Bericht in der Vorschau sehen will, oder gleich in die Entwurfsansicht wechselt, in der man noch selber Änderungen vornehmen kann, wie eben zum Beispiel den Feldnamen int_bandnummer in Bandnummer ändern.

Wählt man das letztere, braucht *Access* etwas, um den Bericht zu erstellen. Das Ergebnis sieht dann so aus:

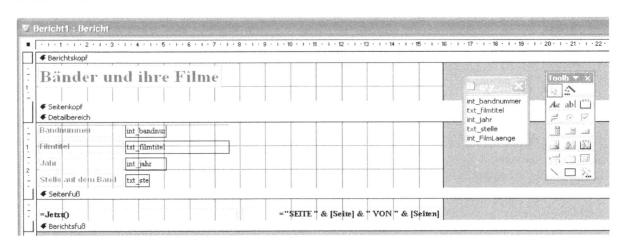

Bericht in der Entwurfsansicht

Wie man sehen kann, öffnen sich mit der Entwurfsansicht auch gleich die Toolbox und ein Fenster mit sämtlichen Feldnamen der Abfrage, auf die der Bericht basiert. Die beiden Elemente werden später auch gebraucht.

Der Entwurf wird erst einmal unter dem Namen *rpt_Filme_und_Baender_verbunden* gespeichert . Wenn dies schon getan wurde, geht man in das Datenbankfenster (**F11**), um dort den Bericht umzubenennen. Damit ist das Problem beseitigt was im Übungspunkt 6 geschildert worden ist. Jetzt kann man sich den Bericht anschauen, indem man auf den Titel im Datenbankfenster klickt. Das ist doch schon ganz schön.

13.1.2 Nachbesserungen von Hand

13.1.2.1 Text ändern und einfügen - Berichtskopf und Seitenkopf

Kehrt man in die Entwurfsansicht zurück, ist im Bereich des Berichtskopf die Überschrift wieder zu finden, was so aussieht:

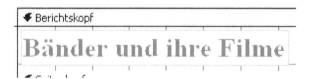

Berichtskopf

Die Überschrift soll jetzt in *Kurzliste für Entschlossene* umgeändert werden. Wenn man das Kästchen markiert und einmal in die Symbolleiste schaut, sieht man, dass sich dort lauter Zeichenformatierungssymbole anbieten. So kann der Text auch noch kursiv, unterstrichen und 20 Punkt groß eingestellt werden, wenn das nicht schon gemacht worden ist. Passt die Überschrift aufgrund ihrer Vergrößerung nicht mehr in das Kästchen, kann man dieses mit der Maus an den Rändern packen und größer ziehen. Eigentlich alles wie bei den Formularen (Kapitel 5.0). *Wenn man dann noch die Striche mit der Maus (bei gedrückter Umschalt-Taste!) etwas länger ziehen, dann sollte es ungefähr so aussehen:*

Der neue Berichtskopf

Dieser ganze Bereich, der so genannte *Berichtskopf* , erscheint **einmal** am Anfang des Drucks und hat damit seine Schuldigkeit getan.

Danach schließt sich *Seitenkopf* an . Dieser nimmt Text oder auch Felder auf, die am Anfang jeder Seite erscheinen sollen. Bei unserem Beispiel bietet sich nicht unbedingt etwas an, deshalb ist er ganz zusammen geschoben.

Zusammen geschoben: Seitenkopf und Detailbereich

Wie man hier seinen Namen oder sonstigen Text einfügen kann, soll in der folgenden Übung erläutert werden (wobei dies schon mal im Kapitel Formulare durchgenommen worden ist, also eigentlich nichts neues):

Übung:

Ziehen Sie mit der Maus den Balken *Detailbereich* weiter nach unten, so dass im Seitenkopf mehr

Platz entsteht. Dazu muss der Mauszeiger so aussehen: ↕ .

Als nächstes brauchen wir mal wieder die Toolbox, die über diesen Button ✕ in der Symbolleiste geöffnet werden kann, wenn sie nicht schon automatisch auf dem Bildschirm zur Verfügung steht.

Klickt man auf ‹Aa› kann man im Entwurfsbereich ein Kästchen beliebiger Größe erstellen, in das man beliebigen Text (z.B. ihren Namen) schreiben kann. Klickt man mit der Maus außerhalb des Kästchens, kann man den Text beliebig formatieren.

Also merke: Das ‹Aa› ist zum Hinzufügen von beliebigem Text in den Bericht gedacht.

Beim Anschauen in der Seitenansicht sollten Sie auch wirklich durch die Seiten blättern, indem Sie unten in dem Fenster die Pfeile benutzen, mit denen man sonst von Datensatz zu Datensatz blättern kann. Jetzt gelten die Pfeile Seite: |◄ ◄ [5] ► ►| nämlich für das Umblättern pro Seite, bzw. dazu, um an die erste oder letzte Stelle des Berichts zu springen. Wenn alles geklappt hat, dann steht auf jedem Blatt ganz oben Ihr Name.

13.1.2.2   Felder verschieben und einfügen - Detailbereich

Der nächste Bereich des Berichts heißt *Detailbereich* und ist zuständig für die eigentliche Präsentation der Daten. Hier werden die Felder angeordnet, mit Eigenschaften versehen und aufbereitet.

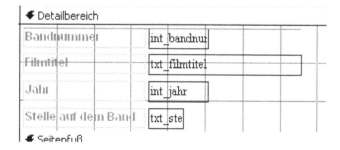

Detailbereich der Entwurfsansicht

Eine kleine Bemerkung am Rande. Man kann mit Hilfe der Maus die Bereiche beliebig groß ziehen. Auch nach rechts hat man die Möglichkeit, das Blatt größer zu machen. Deshalb ist oberhalb und an der linken Seite des Arbeitsbereichs ein Lineal angebracht, das einem für die Ausdehnung Anhaltspunkte gibt.

Der darunter folgende *Seitenfuß* ist das Gegenstück zum *Seitenkopf*, also vergleichbar mit einer Fußzeile.

Man kann nun nicht nur die Texte beliebig verändern und hinzufügen, wie das bei dem vorherigen Punkt gemacht wurde, sondern das gleiche klappt mit den Spaltennamen auch. Klickt man auf **Bandnummer** (egal an welche Stelle, nur am Rand muss es sein.) sieht das Ergebnis so aus:

Der rechte Teil des Gespanns beinhaltet das eigentliche **Feld** , also Daten wie die unterschiedlichen Bandnummern, Filmtitel oder Filmstellen.

Die Markierung zeigt an, dass die beiden Felder verbunden sind, d. h., wenn eines gegriffen wird – dabei muss der Mauszeiger sich zu der ausgestreckten Hand verwandeln - verschiebt man mit gedrückter linker Maustaste das andere Feld gleich mit. Falls wirklich mal nur die Überschrift oder nur den Feldinhalt an einen anderen Platz verschoben werden soll, dann muss man die **dicken schwarzen Klötze** "anpacken", wobei sich der Mauszeiger zu der Hand mit ausgestrecktem Zeigefinger verändern muss. Dann werden die beiden Komponenten voneinander gelöst.

Um ein neues Feld einzufügen, kann man wieder auf die **Toolbox** zurückgreifen. Allerdings ist das Hinzufügen von neuen Feldern im Nachhinein nur eine Notlösung. Richtig ist es, dieses Feld schon bei der Erstellung des Berichts durch den Assistenten hinzuzufügen. Es kann aber trotzdem sein, dass man mal etwas vergisst. Also:

In der Toolbox gibt es einen Knopf dafür ![ab]. Merke: Dieser Button ist für das Hinzufügen von Feldern (im Gegensatz zu Text!). Wenn man den Knopf drückt und die Maus auf das Berichtsblatt schiebt und dort einmal klickt, erhält man folgendes Muster:

Text18:			Ungebunden		

neu eingefügtes Feld- noch ungebunden

Es kann sein, dass nicht immer die Zahl 18, sondern irgendeine andere Zahl dort steht, aber das ist egal. Der rechte Teil des neuen Feld ist dagegen noch weiter zu bearbeiten. Das Programm weiß nämlich gar nicht, **welches Feld denn hier ausgedruckt werden soll!** Na klar, woher auch.

Deshalb benötigt man jetzt einen neuen Befehl. Er heißt **Ansicht *Eigenschaften*** und öffnet folgendes Fenster, wenn der rechte Teil des neu eingefügten Feld markiert ist:

Textfeld: Text18

Text18	∨

Format	Daten	Ereignis	Andere	Alle

Steuerelementinhalt . . . . | | ∨ | ... |
Eingabeformat . . . .
Laufende Summe . . . . Nein
Smarttags . . . .

Textfeld

Ein bisschen blöd ist, dass das Ding Textfeld heißt, das führt leicht zu Verwechslungen, aber jetzt weiß man ja was gemeint ist. Von all diesen vielen Eigenschaften interessiert uns im Moment eigentlich nur eine, nämlich  . Klickt man dort hinein, hat man rechts wieder den Pfeil nach unten, der auf eine Liste hinweist, die man öffnen kann. Und richtig: macht man es, dann erscheinen alle Feldnamen aus der zugrunde liegenden Abfrage! In dem Moment, in dem man sich ein Feld auswählt, übernimmt ***Access*** es in den Bericht. Genug Theorie!

Vorübung

Damit wir eine sinnvolle Übung hinbekommen, müssen wir eine kleine Wiederholung einlegen. Fügen Sie der Abfrage *qry_Filme_und_Baender_verbunden* das Feld **Kategorie** hinzu. Klappt das noch? Sonst gucken Sie noch einmal nach. Wenn Sie damit fertig sind, erstellen Sie mit Hilfe des Assistenten, wie oben beschrieben, einen neuen Bericht, der auf der neuen Abfrage basiert. Gemein, alles noch mal zu machen, was? Aber Übung macht den Fortgeschrittenen! Nun müssten Sie wieder die Entwurfsansicht ihres neuen Berichts vor sich haben. Führen Sie folgende Übung durch:

Übung

1. Eine Abschlusslinie ist hergestellt mit diesem Knopf aus der Toolbox. Der Mauszeiger bekommt ein + -Zeichen, womit Sie in allen Bereichen so eine Linie gestalten können. Wenn die Linie markiert ist, kann man auch hier den Befehl Ansicht *Eigenschaften* wählen. Folgendes Bild erscheint:

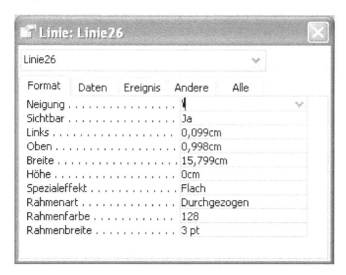

Eigenschaftsfenster für Linie

Hier können Sie die Linie formatieren, wie Höhe, Breite, eine gestrichelte oder gepunktete Linie gestalten und noch einiges mehr.

2. Nun zu den Feldern. Damit man die Dinger halbwegs bündig auf der Entwurfsfläche verschieben kann, sollte man sich das Raster einrichten. Dies geht über das Fenster, welches sich beim Klicken auf die rechte Maustaste im Entwurfsbereich öffnet. Dort einfach auf Raster drücken. Nun noch zwei Schritte. Zum einen schauen Sie in dem Menübefehl **Format** nach, ob vor ***Am Raster ausrichten*** ein Häkchen ist. Zum anderen öffnen Sie mit einen Doppelklick am rechten grauen Rand innerhalb des Berichts folgendes Eigenschaftsfenster:

Eigenschaftsfenster für den Bericht

Tippen Sie bei *Raster X* und *Raster Y* den Wert 4 ein(dafür müssen sie ein wenig runterscrollen), damit der gewünschte Effekt eintritt.

3. Achten Sie darauf, dass Sie den Kasten für den Filmtitel - die Schrift ist übrigens 14 Punkt - groß genug ziehen, so dass Sie allen Text, auch bei den längeren Filmtiteln ausgedruckt bekommen.

4. Passen Sie schon bei der Berichtserstellung auf, dass die Summe der Breite des Berichts und der Breite der Seitenränder nicht 21 cm überschreitet. So breit ist ein DIN-A Blatt im Hochformat. Wählen Sie zum Ausdrucken später das Querformat darf die Summe 28 cm nicht überschreiten. Wie breit der Druckbereich ihres Berichts ist, können Sie am oberen Lineal erkennen. Wird die angegebene Größe überschritten, spuckt **Access** leere Blätter aus. Wie Sie die Ränder verkleinern können, wird am Ende erläutert.

5. Speichern Sie und wechseln Sie dazwischen immer wieder in die Druckbildansicht, damit Sie überprüfen können, wie das Ergebnis aussieht.

6. Jedes Eigenschaftsfenster öffnet sich auch mit einem Doppelklick auf das entsprechende

    Objekt oder mit dem Druck auf diesen Knopf

Wenn Sie Felder auf einer Höhe oder genau untereinander haben möchten, können Sie sie ausrichten lassen. Man markiert das Feld, von dem aus ein anderes Feld ausgerichtet werden soll zuerst. Mit gedrückter SHIFT –Taste markiert man nun das auszurichtende Feld und gibt dann den Befehl **Ausrichten** im Menü **Format** . Es erscheint ein kleines Fenster aus dem man Links-, Rechtsbündig, Oben oder Unten wählen kann. Damit ist das genaue Verschieben der Felder ganz einfach.

Wollen Sie Text in den Feldern links- oder rechtsbündig anordnen, müssen Sie folgende Button verwenden (wie bei Word) .

Übrigens kann man alle Objekte ihrer Wahl (Linien oder ähnliches) entfernen, indem Sie sie markieren und dann auf ENTF drücken.

Falls Sie keine Lust haben ihr eigenes Layout zu schaffen, können Sie über **Format** *Autoformat* ein neues Layout wählen. Damit dieses aber vom ganzen Bericht übernommen wird, muss oben links der Knopf zwischen den beiden Linealenden markiert sein. Dafür einfach drauf klicken.

Knopf der Markierung des Berichts bewirkt

Hier nun endlich das Vorbild. Viel Spaß dabei.

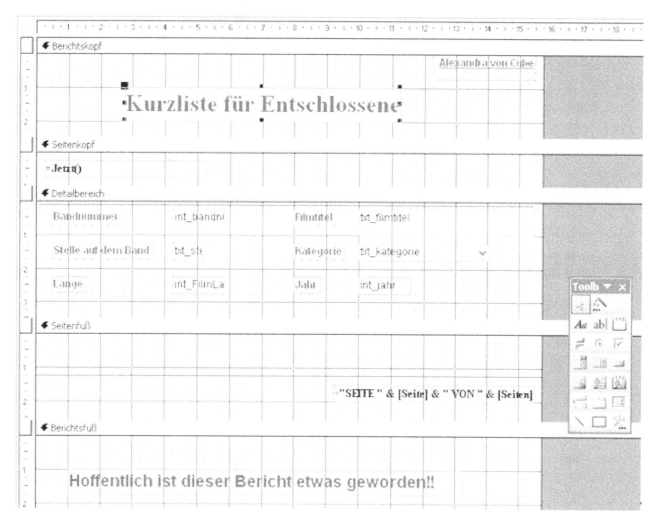

Der darunter folgende *Seitenfuß* ist das Gegenstück zum *Seitenkopf*, also vergleichbar mit einer Fußzeile.

Im Bereich *Seitenfuß* stehen Daten, die am Ende jeder Seite auftauchen sollen. In unserem Beispiel stehen die Seitenzahlen dort, was man an dem **"SEITE" & [SEITE]** usw. erkennen kann. . Man kann Die Seitenzahlen aber auch zum Beispiel in den Seitenkopf einfügen. Je nachdem was man für sinnvoll hält. In der Entwurfsansicht verschiebt man die Kästchen, wie alle anderen auch (siehe Kapitel 5.0 Formulare)

13.2 2. Gruppierungen mit dem Assistenten

Zum Schluß wollen wir noch das kleine Problem in den Griff bekommen, das sich bei unseren Restzeitberechnungen ergeben hat. Noch einmal: Es geht auch im Abfragebereich, aber über die Berichterstellung ist es einfacher. Das Problem bestand darin, dass **Access** auch bei Bändern, bei denen zwei Filme Platz beanspruchten, nicht bereit war, diese erst zu addieren und von der gesamten Bandlänge abzuziehen. Um das zu erreichen, brauchen wir eine Funktion, die *Gruppieren* heißt. Wir wollen zum Abschluß des Kurses einen Bericht erstellen, in dem wir alle Daten, die wir haben, nach Bändern gruppiert ordnen.

Übung

1. Erstellen Sie mit dem Berichtsassistenten einen Bericht, der auf der Abfrage *qry_restzeit_auf_band* beruht. Damit wir dort nicht die ganze Zeit nach der benötigten Zeit gefragt werden, löschen wir vorher unsere Parameterabfrage einfach raus. Dazu gehen Sie in die Entwurfsansicht der Abfrage in das Menü **Abfrage** und dort ***Parameterabfrage*** und einmal in der Zeile Kriterien und löschen den Parameter.

2. Wechseln Sie zum Berichtsmodul und wählen dort **Neu** oder klicken Sie direkt auf das Symbol für einen neuen Bericht. Als erste Info erklären Sie dem Programm, dass Sie mit der Abfrage *qry_restzeit_auf_band* arbeiten wollen.

3. Wählen Sie auch hier wieder wie in unserem ersten Beispiel den **Berichts - Assisten** .

4. Im nächsten Schritt geben wir an, dass wir alle Felder im Bericht haben wollen, also klicken wir auf >>.

5. Darauf folgend werden wir nach einer ***Gruppierung*** gefragt. Wir wollen unseren Bericht nach der Bandnummer gruppieren, so dass wir im linken Kästchen auf txt_stelle doppelklicken. Weiter!

6. Das Bild, das dann kommt ist auch schon bekannt. Die Frage nach dem Sortieren bezieht sich auf die Reihenfolge der Datensätze **innerhalb** einer Gruppe. Wir wollen die Filme auf den Bändern nach ihrer Bandstelle, also "a" vor "b", sortieren und klicken dazu beim ersten Sortierkriterium auf ***txt_stelle*** . Die Bandstellen sollen schließlich zusammengefaßt werden, damit wir im Endeffekt die Restzeit berechnen können.

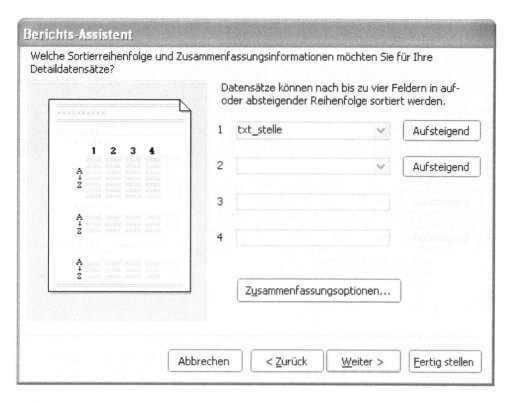

7. Beim nächsten Fenster wählen Sie das Layout **Abgestuft** und klicken auf **Weiter**.

8. Das Format ist noch zu wählen, hier wird einfach **FETT** genommen. **Weiter** und Bericht fertig stellen.

9. Öffnen Sie sich den Entwurf, der ungefähr so aussehen sollte:

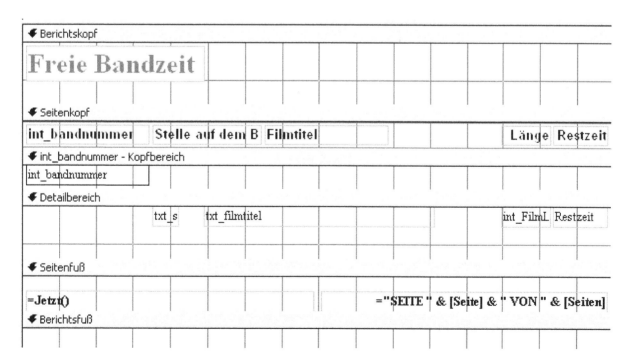

Wenn man genau hinschaut, hat unser Bericht jetzt einen Abschnitt/Bereich mehr, nämlich
◀ int_bandnummer - Kopfbereich . Das ist die obere Abgrenzungen für die Gruppierungen.
Darunter befindet sich dann wieder der *Detailbereich* mit seinen Daten.

10. Allerdings benötigen wir auch noch einen Fußbereich. Den bekommen wir über die Befehlsfolge **Ansicht " *Sortieren und gruppieren.*** Daraufhin wird folgendes Fenster geöffnet:

Nun müssen Sie auf int_bandnummer klicken, dann in die Zeile Gruppenfuß, so dass sich die kleine Dropdownliste öffnet in der Sie auf "JA" klicken. Wenn Sie das Fenster nun schließen, und sich den Entwurf anschauen, entdecken Sie den neuen Fußbereich.

Der eigentliche Sinn dieser ganzen Aktion war, dass uns *Access* die verbleibende freie Bandzeit ausrechnet und auch im Bericht anzeigt. Dafür benötigt man nur noch eine Formel. Was sonst. Die Formel soll bewirken, dass die Filmlängen pro Band zusammengezählt werden. Schauen wir uns das Ergebnis daraufhin einmal an:

Freie Bandzeit

Montag, 13. September 2004

Band-Nr.	Bandstelle	Filmtitel	Filmlänge	Restzeit
1				
	a	Buck Rogers	85 min	
	b	Krieg der Eispiraten	90 min	
				185 min

Ausschnitt aus fertigem Entwurf mit Restzeit

Neu ist an dieser Stelle die **Restzeit** . Wir wollen ja nicht, dass er diese addiert, sondern die Summe der Filmlängen von der Bandlänge abzieht. Wie stellt man das ganze denn jetzt an? Nachdem Sie in den Entwurfsmodus zurückgewechselt haben, verstellen Sie erst einmal das Raster wieder auf 4. (**Tip:** Doppelklick auf die graue Fläche innerhalb des Berichtsfensters.

1. Starten Sie einen Doppelklick auf das Feld Restzeit im *Detailbereich*, so dass das entsprechende Eigenschaftsfenster aufgeht:

Eigenschaftsfenster zu Restzeit

2. Setzen Sie die Kategorie "Sichtbar" auf "Nein". Schauen Sie sich das Ergebnis in der Druckbildansicht an.

3. Anstatt der gebildeten Summe, der nun nicht mehr zu sehenden Restzeit, brauchen wir jetzt einen neuen Feldinhalt für den Feldnamen "Restzeit" in dem Fußbereich der Gruppierung. Über die Toolbox ist dies einfach zu haben, was oben erläutert ist.

4. Nun schreiben wir in das neu geschaffene Feld eine Formel, die die Rechnung Bandlänge – Filmlänge= Restzeit beinhaltet. Genau das wollen wir. Die Formel dafür sieht folgendermaßen aus: =[int_Bandlaenge]-Summe([int_Filmlaenge]).

5. Wir wollen hinter der Restzeit "min" für Minuten stehen haben. Dafür öffnen wir das Eigenschaftsfeld für das eben erstellte Feld und schreiben unter Daten Eingabeformat 000" min". Vergessen Sie nicht das Leerzeichen hinter den ersten Anführungsstrichen

Textfeld mit Formel

Sie können unter Steuerelement auch die eingegebene Formel wieder entdecken.

Na, wenn das nicht genial geklappt hat! Wer Lust und Zeit hat, kann die Tabelle ruhig noch schöner formatieren. Die Textfelder für den Titel größer, die Ausrichtungen der Felder anders, die Striche dicker oder dünner ect. Was ich leider nicht hinbekommen habe, ist dass die leeren Bänder auch mit einer Restzeit ausgestattet werden. Dort steht blöderweise gar nichts. Vielleicht hat jemand von Ihnen eine gute Idee.

13.3 3. Seiteneinrichtung

Einen ganz kurzen Blick wollen wir zum Abschluss noch auf die Druckeinstellungen und die Seiteneinrichtung werfen. Der Befehl dazu befindet sich im Menü Datei *Drucken*. Klickt man dort zusätzlich auf Einrichten..., dann erhält man folgendes Fenster:

Ganz wichtig ist, dass die Summe von *Links* und *Rechts* und die Breite des Berichts bei einem Hochformat 21 cm, bei einem Querformat 28 cm **nicht** überschreitet. Sie erinnern sich?! Ob Sie nun die Ränder verkleinern müssen, hängt von ihrer Berichtsbreite ab, die Sie in der Entwurfsansicht über das Lineal verändern können. In diesem Fall verkleinern wir beide Ränder einfach auf 25 mm.

14 Formulare - Kurzerläuterung

Wenn man für eine Tabelle oder eine Abfrage noch kein Formular hinterlegt ist, kann man selbverständlich auch ein eigenes Formular erzeugen.

Vorgehensweise:

- in das Objekt Formulare gehen

- hier kann man ein Automatisches Formular mit dem Formular-Assistenten erzeugen

- dazu auf die Schaltfläche „Neu" klicken

- im selben Fenster unten muss man wählen, welche Tabelle als Grundlage für das Formular dienen soll

- Weiter

- nun kann man die Felder, die in dem Formular erscheinen sollen, anklicken

- Weiter

- nun die Gestaltung festlegen (wir haben einspaltige Formulare erzeugt)

- Weiter

- nun kann man eine Gestaltung aussuchen

- Weiter

- Formular muss noch gespeichert werden

- Fertig stellen

Das neue Formular kann natürlich jederzeit verändert werden, hier muss man in die Entwurfsansicht.

Elemente in der Entwurfsansicht:

Element / Vorgang	
Formularkopf / -fuß	enthält die Beschriftung des Formulars
Detailbereich	enthält die Felder der Tabelle
Formatierungen	Element anklicken, über die Symbolleiste formatieren
markieren von mehreren Elementen	Rahmen um die Elemente aufziehen oder die Elemente mit gedrückter Shift-Taste markieren
ausrichten von Elementen	mehrere Elemente markieren Menü Format Befehl Ausrichten
Elemente von der Größe her anpassen	mehrere Elemente markieren Menü Format Befehl Größe hier den entsprechenden Unterbefehl anwählen (z.B. am Breitesten, dann orientieren sich alle Felder am breitesten Feld und werden genauso groß wie diese)

15 Formulare erstellen

Oben wurde bereits erklärt, wie man eine Tabelle erstellt und mit ihr arbeitet. Um das Bearbeiten und Ansehen der Daten bequemer und freundlicher zu gestalten, gibt es in *Access* die Möglichkeit, sich selbst Formulare zur erstellen. Wie man ein Formular erstellt und benutzt wird in diesem Kapitel erläutert.

In 99 % der Fälle ist eine Tabelle oder Abfrage die Grundlage für ein Formular . Alle Feldnamen kommen aus einem Tabellenentwurf. Man kann jedoch frei bestimmen in welcher Reihenfolge diese Felder auf dem Bildschirm erscheinen. Für das Datenbank-Beispiel **videothek.mdb** wird im folgenden ein Formular für das Bearbeiten der Tabelle **tbl_filme** erstellt.

Es gibt mehrere Möglichkeiten, ein Formular zu erstellen. Mit der ersten Möglichkeit, dem Formularassistenten, und der zweiten, den Auto-Formularen, wird die Sache sehr einfach. Die dritte Möglichkeit ist es, sich selber nach eigenen Wünschen und Vorstellungen ein Formular zu erstellen. Diese Methode ist aufwendiger und wird in diesem Skript nicht besprochen. Im Rahmen dieses Kapitels wird die zweite Möglichkeit behandelt. Das soll einen aber nicht davon abhalten, es auch einmal mit dem Assistenten auszuprobieren. *Danach kann man "von Hand" noch Änderungen vornehmen.*

15.1 Formulare mit dem Auto-Formular erstellen

Wie schon erwähnt, ist die Erstellung von Formularen durch die Auto-Formulare im Unterschied zu den früheren *Access* - Versionen sehr einfach und schnell geworden.

Wie funktioniert es?

Übung

Vorgehensweise bei dem Erstellen eines Formulars mit dem Auto-Formular:

- Klicken Sie im Datenbankfenster auf das Formularsymbol.

- Wählen Sie die Schaltfläche **Neu** , oder

- Wählen Sie im Menü **Einfügen** den Befehl *Formular*

- Es erscheint daraufhin dieses Dialogfenster:

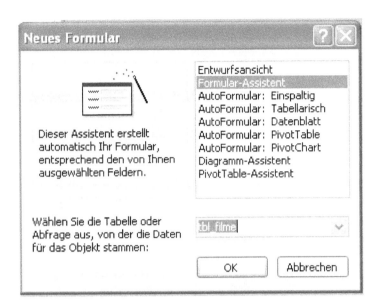

Aus der rechten Spalte können Sie entweder den Formular-Assistenten oder ein Auto-Formular wählen, die folgendes bedeuten:

Einspaltig	Jedes Datenfeld eines Datensatzes erscheint auf einer separaten Zeile, jeder Datensatz auf einer eigenen "Seite". Das sieht einer Karteikarte am ähnlichsten
Tabellarisch	Alle Datenfelder eines Datensatzes stehen von links nach rechts in einer Zeile.
Datenblatt	Erstellt das Formular in der Datenblattansicht, in der man Daten bearbeiten kann.
Diagramm-Assistent	Der Assistent erzeugt ein Formular, welches ein Diagramm oder Bild enthalten soll.
Haupt-/Unter-Formular	Das Formular enthält ein anderes bereits erstelltes Formular, das so genannte Unterformular.

PivotTable und *PivotChart* können wir getrost vergessen.

- Wir werden das Auto-Formular *Einspaltig* wählen.

- Weiterhin muss ein Objekt bestimmt werden auf dem das Formular basieren soll. Wählen Sie aus der Liste, von dem Feld *Wählen Sie eine Tabelle oder Abfrage aus, von der die Daten für das Objekt stammen,* den Namen der Herkunftstabelle für das gewünschte Formular aus. Unser erstes Formular soll auf der Tabelle Filme basieren.

- Sobald Sie auf **OK** drücken, erscheint schon ihr fertiges Formular.

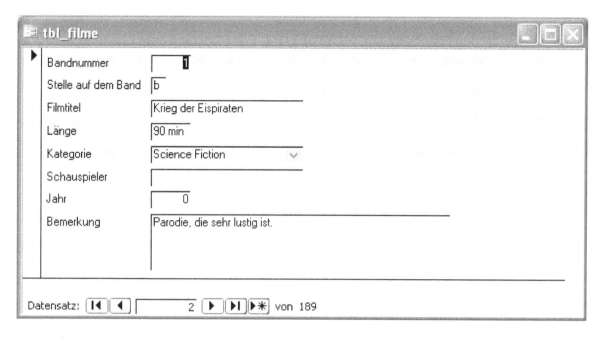

Beispiel einspaltiges Formular

Auto-Formular bedeutet jedoch nicht, dass man keine Änderungen am Layout durchführen könnte. Das wird erst später besprochen. Jetzt beschäftigen wir uns damit, wie man mit diesem Formular arbeitet.

15.2 Arbeiten mit Formularen

15.2.1   Bewegen in Formularen

Wie man bereits bei der Arbeit mit Tabellen kennen gelernt hat, gibt es auch bei Formularen die so genannten Navigationssymbole, um bestimmte Datensätze zu erreichen.

Erinnern Sie sich noch an diese Symbole? Datensatz: [◄] [1   ] [►][►I][►*] von 189 ?

15.2.2   Datensätze hinzufügen

Es bestehen vier Möglichkeiten, einen neuen Datensatz einzugeben, und zwar:

- Wählen Sie aus dem Menü **Einfügen** " *Neuer Datensatz* oder

- drücken Sie die Tastenkombination **STRG+ Pluszeichen** oder

- klicken Sie auf diesen Button *„Neuer Datensatz'* [ ] in der Menüleiste oder

- klicken Sie in der Navigationsleiste auf diesen Button [►*].

Alle Daten, die vorher schon in der Tabelle vorhanden sind, werden ausgeblendet. Diese Funktion ist nur sinnvoll, wenn Sie die neu eingegebenen Daten allein sehen wollen. Mit **Datensätze - Alle Datensätze Anzeigen** werden alle Daten wieder angezeigt. Da Sie aber sowieso nur eine Karteikarte zur gleichen Zeit sehen, können Sie das halten, wie Sie wollen.

Bei den oben genannten Möglichkeiten zeigt *Access* danach einen leeren Datensatz an. Geben Sie die gewünschten Daten in den Datensatz ein. Mit **[Tab], [ ], [ ], [Returntaste]** können Sie von einem Datenfeld bzw. Datensatz zum nächsten springen. Zum ersten Feld im Formular kommen Sie mit der Taste **[Pos1]** und zum letzten Feld mit **[Ende].**

15.2.3   Datensätze löschen

Um einen Datensatz zu löschen, geht man zu dem Datensatz und wählt aus dem Menü **Bearbeiten** den Befehl *Datensatz Löschen* . *Access* fordert den Benutzer auf, den Löschvorgang zu bestätigen. Man wählt **OK** , um den markierten Satz zu löschen, oder **Abbrechen** , um den Löschvorgang rückgängig zu machen. Wie man sieht, funktioniert es genauso wie bei einer Tabelle.

15.2.4   Speicherung von Eingaben und Änderungen

Access speichert neu eingegebene Datensätze und Änderungen automatisch, wenn man zum nächsten oder vorherigen Datensatz springt. Eine andere Möglichkeit wäre es, den Befehl *Datensatz Speichern* (Umschalt+ Eingabe) aus dem Menü **Datensätze** zu wählen.

15.2.5   Änderungen rückgängig machen

Mit der Taste [Esc] oder den Befehl *Rückgängig: Eingabe* im Menü Bearbeiten bzw. dem Rückgängig-Symbol kann man eine Neueingabe abbrechen oder eine Änderung des Datensatzes rückgängig machen. Allerdings funktioniert der Trick mit der Taste [Esc] nur solange man sich noch in dem Datensatz befinden, er - siehe oben - also noch nicht gespeichert ist. Mit *Rückgängig* kann man nur den letzten Befehl wieder aufheben, also ist das auch nicht der Renner.

Übung

- Geben sie einen neuen Film (z.B. ihren Lieblingsfilm) über das Formular in die Datenbank ein.

- Nachdem Sie den neuen Datensatz eingegeben haben, können Sie über das Menü **Ansicht** die *Datenblattansicht* wählen und sich dort den hinzugefügten Datensatz anschauen. Die Datenblattansicht eines Formulars sieht genauso aus, wie die der Tabelle.

- Löschen sie den neuen Datensatz wieder. Gemein, oder ?

15.2.6   Suchen und Ersetzen

Ähnlich wie bei einer Tabelle gibt es beim Formular auch die Möglichkeit; Datensätze nach bestimmten Kriterien zu suchen. Sowohl in der Datenblattansicht als auch in der Formularansicht funktioniert das Suchen. Mit dem Befehl *Suchen* im Menü Bearbeiten oder dem Symbol kann man sofort mit der Suche beginnen.

Übung

Suchen Sie alle Filme mit dem Genre " *Komödie* ".

15.3 3. Ändern eines Formularentwurfs

Wie schon angekündigt, kann man das Formularlayout nach seinen eigenen Vorstellungen ändern. Das soll Thema der folgenden Punkte sein.

15.3.1   Formular in der Entwurfansicht

Das Aussehen eines Formulars wird in der Entwurfsansicht bestimmt. Dazu muss man logischerweise das Formular Filme in der Entwurfansicht öffnen. Wenn das Formular im Moment in der Datenblattansicht geöffnet ist, klickt man auf 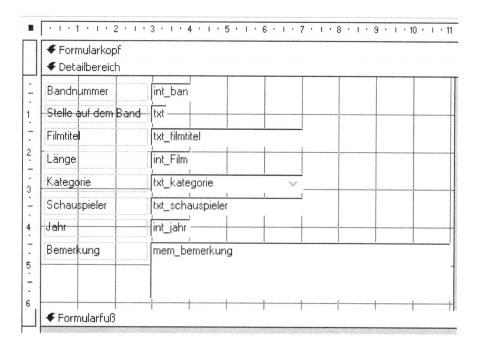. Sonst markiert man im Datenbankfenster das Formular Filme und wählt die Schaltfläche Entwurf.

Formular Filme in der Entwurfsansicht

So sieht also das Formular **Filme** in der Entwurfansicht aus. Das Formularentwurfsfenster ist in drei Bereiche aufgeteilt:

1. In den *Formularkopf* trägt man die Überschrift des Formulars ein. Wie das funktioniert, wird im nächsten Punkt "Erstellen einer Überschrift" erläutert.

2. Der *Detailbereich* enthält alle Felder der **Filme** -Tabelle. Hier stehen rechts die Feldüberschriften und links die Feldinhalte.

3. Der *Formularfuß* enthält Informationen, die am Ende des Formulars erscheinen sollen. Er ist gegenwärtig leer.

Den einzelnen Bereich kann man mit der Maus vergrößern oder verkleinern. Positionieren Sie den Mauszeiger dazu auf dem unteren Rand des entsprechenden Bereichs, so dass der Mauszeiger seine Form zu der eines Doppelpfeils ändert. Ziehen Sie den veränderten Cursor mit gedrückter linker Maustaste nach oben zum Verkleinern oder nach unten zum Vergrößern.

Am linken Rand jedes Bereichs und über dem Formularentwurf ist jeweils ein *Lineal* zu sehen. Sie können das Lineal als Hilfe beim Zeichnen und Positionieren von *Steuerelementen* in einem Formular verwenden.

Übrigens: *Steuerelemente* heißt alles, was sich auf dem Formularentwurf tummelt; die Textfelder, die Felder mit den Daten, die Striche, Überschriften usw. Wenn Sie ein Steuerelement verschieben, erscheinen auf jedem Lineal Kennlinien, die die Position des Steuerelements in Bezug auf die Unterteilungen des Lineals anzeigen.

15.3.2 Erstellen einer Überschrift

Wie schon erwähnt braucht ein Formular eine Überschrift, die im Formularkopf erstellt wird.

Übung:

- Klicken Sie mit der rechten Maustaste in den Formularkopf und wählen aus dem erscheinenden Fenster den Befehl Toolbox. An diese Toolbox, die Sie immer mal wieder

  brauchen werden, kommen sie auch, wenn sie in der Menüleiste auf ⚒ klicken.

- Nun klicken Sie auf den Button *Bezeichnung* 🄰 , woraufhin sich der Mauszeiger in ein großes A mit einem Pluszeichen auf der linken Seite ändert.

- Gehen Sie mit dem **+A** -Mauszeiger in den Formularkopf, halten sie die linke Maustaste gedrückt und ziehen Sie die Maus nach rechts. Damit erstellen sie ein Kästchen, in das Sie nun die gewünschte Überschrift *Filme* tippen können. Ist die Schrift zu klein ? Dann führen sie Schritt 4 durch.

- Um die Schrift zu formatieren, wie man das von Word her kennt, muss man es vorher markieren (einmal außerhalb des Rahmens klicken und dann wieder in das Kästchen) und dann in der Menüleiste Schriftart, -größe oder –farbe einstellen.

markiertes Kästchen

15.3.3 Markieren von Steuerelementen

Die übrigen Steuerelemente werden genauso markiert. Ob ein Kästchen markiert ist, erkennt man an den o genannten *Ziehpunkten* , die am Rand erscheinen.

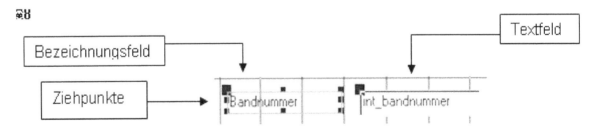

markiertes Steuerelement

Die Ziehpunkte zur Größenänderung eines Steuerelements haben folgende Eigenschaften.

- Mit der Maus können Sie die Ziehpunkte am oberen und unteren Rand eines Steuerelements zur Größenänderung nach oben und unten verändern.

- Die Ziehpunkte an den rechten und linken Seiten sind für die Größenänderung nach rechts und nach links.

- Die Ziehpunkte an den Ecken sind für beliebige Richtungs- und Größenänderungen.

Mit den Ziehpunkten zum Verschieben lässt sich jedes Steuerelement unabhängig voneinander bewegen. Dazu muss man nur die dicken schwarzen Quadrate erwischen.

Es ist auch möglich, mehrere Steuerelemente gleichzeitig zu markieren. Klicken Sie dazu nacheinander alle Steuerelemente an, die markiert werden sollen, und halten dabei die UMSCHALT-Taste gedrückt. Während des Klickens sehen Sie ein Rechteck um die Steuerelemente.

Fährt man langsam und gezielt über die verschiedenen Bereiche des markierten Steuerelemnts wird man merken, dass sich je nach Bereich der Mauszeiger ändert. Eine Hand mit *„erhobenem Zeigefinger"* verschiebt die einzelnen Elemente, eine *„ ausgestreckte Hand"* verschiebt alle markierten Steuerelemente, mit den Pfeilen verändert man die Größe der Steuerelemente.

Übrigens kann man für mehr Übersichtlichkeit die Gitternetzlinien, die nur zum Anordnen der Steuerelemente hilfreich sind, über das Menüfenster, welches sich beim klicken auf die rechte Maustaste öffnet, ausblenden. Dort den Befehl **Raster** wählen. Allerdings funktioniert das nur, wenn sich der Mauszeiger im Bereich des Formularkopfes befindet.

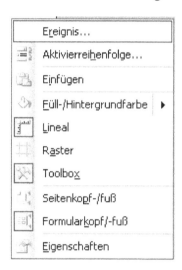

Menüfenster

Über dieses Menüfenster kann auch die Hintergrundfarbe über den Befehl **Füll- /Hintergrund-farbe** der drei Bereiche des Formulars geändert werden.

Übung

Die Textfeldgröße in dem Formular **Filme** sollen nun eine angemessene Größe haben. Z. B. haben wir für die Felder txt_stelle. oder int_filmlaenge Textfelder, die viel zu groß für den maximal 1- bzw. 3-stelligen Eintrag sind.

Ändern Sie nun die Größe aller Textfelder in unserem Formular so, dass sie wie folgt aussehen:

int_l

txt

txt_filmtitel

int_FilmL

txt_kategorie

txt_schauspieler

int_jah

mem_bemerkung

Neue Größe der Felder

Tipp:

Arbeiten Sie in dieser Übung am besten nur mit den Ziehpunkten an den rechten Ecken.

15.3.4   Verschieben von Steuerelementen

Steuerelemente können beliebig verschoben werden, wenn man sie markiert hat. Beim Markieren und Verschieben eines Textfeldes kann das ihm zugeordnete Bezeichnungsfeld automatisch mit verschoben werden.

Markieren Sie ein gewünschtes Textfeld oder Bezeichnungsfeld und stellen Sie den Mauszeiger dann auf dem Rand des Textfeldes. Achtung: nicht auf den "Ziehpunkt zum Verschieben"!!! Der Mauszeiger ändert seine Form zu der schwarzen ausgestreckten Hand (s.o.). Nun können Sie das Steuerelement beliebig dahin verschieben, wo sie es gern haben möchten.

Die Bezeichnungs- und Textfelder können jedoch auch unabhängig voneinander verschoben werden. Dieses Verfahren ist sehr einfach zu handhaben. Verwenden Sie dazu die "Ziehpunkte zum Verschieben", also die dicken Klötzchen. Folgende Arbeitsschritte sind notwendig:

1. Markieren Sie das Steuerelement.

2. Positionieren Sie den Mauszeiger über dem Ziehpunkt zum Verschieben des Bezeichnungsfelds (oder Textfelds).

3. Der Mauszeiger, der sich jetzt über dem Ziehpunkt befindet, ändert seine Form zu der *Hand mit dem erhobenen Zeigefinger* .

4. Ziehen Sie den "Ziehpunkt zum Verschieben" und lassen die Maustaste wieder los, wenn das Bezeichnungsfeld an der gewünschten Stelle steht.

So, jetzt haben wir es endlich geschafft einige einfache (und auch wichtige!) Arbeitsmethoden für das Erstellen eines Formulars uns anzueignen.

Übung

1. Erstellen Sie auf der Basis der tbl_baender ein neues Formular! Wählen sie ruhig eine andere Formularform (z. B. tabellarisch). Benutzen Sie die dabei erlernten Techniken zur Gestaltung des Layouts (Anordnung der Steuerelemente, Hintergrundfarbe anpassen, Schriftgröße einstellen etc..)

2. Tragen sie in das fertige Formular ca. 10 neue (von Ihnen ausgedachte) Datensätze ein.

FILME

Bandnummer	Stelle auf dem Band		
Filmtitel	Schauspieler	Kategorie	Mantel und Degen
Jahr 2005	Länge 123 min		
Bemerkung			

So, oder so ähnlich, könnte das Formular (hier auf der Basis der tbl_filme) zum Schluss aussehen!

16   Unterdatenblätter einfügen

Vorgehensweise:

- Menü Einfügen

- Befehl Unterdatenblatt

- hier muss man nun die Tabelle oder Abfrage auswählen, die angezeigt werden soll und die entsprechenden Werte bei „Verknüpfen von" und „Verknüpfen nach" anwählen

- Beispiel: in der Tabelle Bücherliste sollen die Titel aus der entliehen-Liste angezeigt werden, die sich an dem jeweiligen Standort befinden -> ich stehe in der Tabelle Bücherliste -> Einfügen -> Unterdatenblatt -> entliehen-Liste oben auswählen -> Verknüpfen von: Titel -> Verknüpfen nach: ID -> Ok

Ein Unterdatenblatt kann man anzeigen, indem man auf das kleine + klickt. Ausblenden kann man es durch Klick auf das - .

Löschen kann man es, indem man auf das Menü Format, Befehl Unterdatenblatt, Unterbefehl Entfernen klickt.

17   Etikettendruck

Vorgehensweise:

- in das Berichts-Objekt gehen

- Schaltfläche „Neuer Bericht"

- nun aus der Liste den Etikettendruck auswählen

- im selben Fenster unten muss man wählen, welche Tabelle als Grundlage für den Bericht dienen soll

- Weiter

- nun muss man die Etikettenmarke und den Etikettentyp festlegen

- Weiter

- nun kann man die Felder aus der Tabelle oder Abfrage, für die man Etiketten drucken möchte, anklicken

- Weiter

- nun die Sortierung festlegen

- Weiter

- Bericht muss noch gespeichert werden, hier am besten den Etikettenhersteller und die Etikettenbestellnummer mit aufnehmen

- Fertig stellen